高中英语课堂教学设计与策略研究

宋 扬 刘 智 著

北京工业大学出版社

图书在版编目（CIP）数据

高中英语课堂教学设计与策略研究 / 宋扬，刘智著．—
北京：北京工业大学出版社，2022.12
　　ISBN 978-7-5639-8480-0

　　Ⅰ．①高… Ⅱ．①宋… ②刘… Ⅲ．①英语课－课堂
教学－教学研究－高中 Ⅳ．① G633.412

中国版本图书馆 CIP 数据核字（2022）第 181590 号

高中英语课堂教学设计与策略研究

GAOZHONG YINGYU KETANG JIAOXUE SHEJI YU CELÜE YANJIU

著　　者：宋 扬 刘 智
责任编辑：李倩倩
封面设计：知更壹点
出版发行：北京工业大学出版社
　　　　　（北京市朝阳区平乐园 100 号　邮编：100124）
　　　　　010-67391722（传真）　bgdcbs@sina.com
经销单位：全国各地新华书店
承印单位：北京银宝丰印刷设计有限公司
开　　本：710 毫米 ×1000 毫米　1/16
印　　张：11.25
字　　数：225 千字
版　　次：2022 年 12 月第 1 版
印　　次：2022 年 12 月第 1 次印刷
标准书号：ISBN 978-7-5639-8480-0
定　　价：72.00 元

作者简介 | 　　宋扬，沈阳市第一中学英语教师，从事英语教育教学工作多年。曾获得沈阳市五一劳动奖章，曾获得国家级论文一等奖。曾主持省级科研课题研究。

　　刘智，曾任沈阳市第一中学英语教师，现就职于沈阳市第一中学图书馆。撰写多篇学术论文。

前　言

伴随着教学改革的推进，在开展高中英语课堂教学时，教师应及时调整教学观念与方式，以适应当前新课改的要求。教师应着力探究有效开展课堂教学的措施，提高教学质量，基于此，本书对高中英语课堂教学设计与策略展开了系统研究。

全书共七章。第一章为绪论，主要阐述了英语的学科育人价值、高中英语课堂教学的目标、高中英语课堂教学设计的系统等内容；第二章为高中英语教学理论基础，主要阐述了言语行为理论、人本主义理论、建构主义理论、多元智能理论等内容；第三章为高中英语课堂教学现状，主要阐述了高中英语听力课堂教学现状、高中英语写作课堂教学现状、高中英语阅读课堂教学现状、高中英语口语课堂教学现状、高中英语语法课堂教学现状等内容；第四章为高中英语课堂教学艺术，主要阐述了高中英语备课艺术、高中英语讲课艺术、高中英语课堂组织调控艺术、高中英语师生互动艺术等内容；第五章为高中英语课堂教学模式设计，主要内容为高中英语课堂教学模式概述、高中英语课堂互动教学模式设计、高中英语行为导向教学模式设计、高中英语多媒体支架式教学模式设计、高中英语信息技术辅助教学模式设计等；第六章为高中英语课堂教学要素设计，主要阐述了高中英语教学设计的步骤、高中英语教学情境的创设、高中英语教学过程的设计、高中英语教学评价的实施等内容；第七章为高中英语课堂教学策略的实施，主要阐述了高中英语听力课堂教学策略、高中英语写作课堂教学策略、高中英语阅读课堂教学策略、高中英语口语课堂教学策略、高中英语语法课堂教学策略等内容。

为了确保研究内容的丰富性和多样性，笔者在写作过程中参考了大量相关文献，在此向涉及的专家学者表示衷心的感谢。

最后，限于笔者水平，本书难免存在一些不足之处，在此恳请同行专家和读者朋友批评指正！

目　录

第一章 绪 论

2017 年版《普通高中英语课程标准》明确了"英语核心素养"这一概念，以最大化发挥英语学科的育人价值。本章分为英语的学科育人价值、高中英语课堂教学的目标、高中英语课堂教学设计的系统三部分。

第一节 英语的学科育人价值

一、英语学科育人概述

（一）学科育人

程晓堂和赵思齐认为学科育人是指学生在学习学科知识和发展学科能力之外，在心智能力、情感态度、思想品德、社会责任等方面的发展。

张燕认为育人是学科教学与生俱有的价值取向，是学科教学的根本任务，每一门学科都有其独特的育人价值，任何学科异曲同工、殊途同归——都以育人为旨归。因此，学科德育的过程不是在学科教学中渗透德育，而是学科的育人价值自然而然实现的过程。从学科渗透转向学科育人，是学科德育的必然选择。

郝志军认为，学科育人价值是指教学科目或学科课程在满足学生个体和社会发展需求的基础上，具有综合价值与独特价值的统一、个人价值与社会价值的统一、显性价值与隐形价值的统一、时效价值与长效价值的统一。学科育人价值是学科育人功能或作用的体现，是学科满足人的发展需求或学科功能在培养人、发展人方面的作用的发挥程度。在学校教学中，学科教学就是以"育人"为主要目标来促进学生的发展。

学科育人就是以学科知识为载体，通过深入挖掘其中的德育内涵，根据学生的年龄特点和发展需要，将英语教学内容中的德育内涵进行适当的拓展，在提高学生学习兴趣、培养学生综合语言运用能力的同时，使学生逐渐形成良好的品格和正确的世界观、人生观与价值观。

（二）英语学科育人

英语课程承担着提高学生综合人文素养的任务，即学生通过英语课程能够开阔视野，丰富生活经历，形成跨文化意识，增强爱国主义精神，发展创新能力，形成良好的品格和正确的世界观、人生观与价值观。情感态度指兴趣、动机、自信、意志和合作精神等影响学生学习过程和学习效果的相关因素以及在学习过程中逐渐形成的爱国意识和国际视野。保持积极的学习态度是英语学习成功的关键。教师应在教学中不断激发并强化学生的学习兴趣，并引导他们逐渐将兴趣转化为稳定的学习动机，以使他们树立自信心，锻炼克服困难的意志，认识自己学习的优势与不足，乐于与他人合作，形成健康向上的品格。通过英语课程，学生可增强爱国意识，拓宽国际视野。

（三）英语的学科育人价值

在目前的高中英语学科教学中，孤立、碎片化的教学困境长期存在，由于过于重视语言知识教学和考试成绩，学生高分低能，只会做题却能力不足的问题饱受诟病。研究证明，自21世纪初我国新一轮基础教育课程改革以来，高中英语教学目标仍未突破"工具化"价值取向，教学中工具性与文化性的割裂已严重束缚了学科教学的发展，对教学中"人"的发展关注不足，对本学科的育人价值认识不清晰。

要实现高中英语学科的育人价值，还需要更深入地理解学科。"学科"在《辞海》中解释为：①学术的分类，指一定科学领域或一门科学的分支；②教学的科目。有研究者把学科分类为学术学科和学校学科。其中学术学科是指人类知识体系中的门类，即专门化、系统化的知识；学校学科是指在学校教育中的教学科目，即学校教育中主要的教育内容的门类。高中英语学科是指在高中教学的英语科目，是以英语语言为教学内容的学校教育中的一门科目。而本科目的教学内容决定了本学科与其他学科相区别的独特性。

一般来说，知识、能力与思想方法是学科的三大要素。高中英语学科的教学内容是英语，是一种不同于学生母语的语言。在目前的一线教学中，高中英语教学中对语言知识和语言技能的过度关注，造成了目前的学科教学停留在表层，知识性、技能性的教学占据了课堂的主题，学生有做不完的试题和不计其数的考试。机械的浅层水平的教学限制了学生作为一个"人"的全面发展。

　　研究者指出，学科育人能够促进学生作为人的社会本质、文化本质和精神本质的生成，发展学生新时代发展所需的学科核心素养，"人—知"互动是学科育人的逻辑起点。不同学科是不同的文化意义空间，这是学科育人价值的中间层面或者意义层面。那么具体到高中英语学科，如何理解其学科育人价值？2020年高中英语课程标准修订组组长梅德明教授清晰地指出，《普通高中英语课程标准》中提出的"培养具有中国情怀、国际视野和跨文化沟通能力的社会主义建设者和接班人"的总目标，凸显了英语学科的育人功能。英语学科汇集了西方思想文化的精华，与西学关系最为密切，承载了其他学科较难提供的独特育人价值。

　　要挖掘彰显高中英语学科的育人价值，就需要教学从表层的语言知识（字、词、句）的教学发展为对学科内在思想方法的渗透，突破"知识育人"，真正走向"学科育人"。

　　学科思想方法是根据学科内在的规律和特点，总结和归纳出来的思维方法、研究方法与学习方法。学科思想方法是学科教学的精髓和灵魂，它在很大程度上决定了学生知识储存和能力发挥的状况。以学科思想方法为主要方法论依据的研究才是真正意义上具有学科特色的教学论研究。

　　作为语言学科，高中英语学科与语文学科的最大区别，就在于英语学科中涉及对英汉两种语言文化的互动。因此，在某种程度上可以认为，跨文化思想是英语学科所独有的思想方法，触及了本学科教学的内核。体现了跨文化思想的英语教学，能够给予学生在本学科所特有的学科体验和思考，能丰富学生认识世界的方法，能彰显学科的育人价值。

　　学科育人是落实立德树人根本任务的学科切入口和实现方式，是教学改革的指南针和准绳。学科育人与教书育人、教学育人、课程育人紧密相连，又相互区别，学科育人更强调的是学科特质、独当之任和独特功能，学科教学是学科育人价值的具体实现方式。

　　教育因人而生，"育人"是教育的原点。"育人"要求高中英语真正以学生的自我生成、自我完善的需要作为教学的基本出发点，将育人作为衡量教学的根本尺度。从学科的知识表层走向其跨文化思想内核，是学科教学的必然发展趋势，是对高中英语学科育人价值的彰显。由上所述，要进一步落实高中英语学科的育人价值，就需要对学科的教学方式予以改革，从传统的"知识育人"走向"文化育人"。

　　育人，是教育的恒久话题，也是教育的神圣使命。从由直接生产过程中独立出来起，教育就高举着"传道、授业、解惑"的大旗，以传承人类文明为己任，肩负起了促进人类全面发展、驱动社会全面进步这一崇高而神圣的历史使命。可以断言，促进人类全面发展、驱动社会全面进步，永远是教育的历史使命。教育固有的神圣而永恒的历史使命为我们准确地进行教育定位奠定了可靠的基础。既然教育的历史使命是促进人类全面发展、驱动社会全面进步，那么，教育就应当是也必须是一项永恒而崇高的育人事业。

2017 年版《普通高中英语课程标准》（以下简称"新课标"）指出："英语属于印欧语系，是当今世界广泛使用的国际通用语，是国际交流与合作的重要沟通工具，是思想与文化的重要载体。学习和使用英语对汲取人类优秀文明成果、借鉴外国先进科学技术、传播中华文化、增进中国与其他国家的相互理解与交流具有重要的意义和作用。"新课标认为，高中英语课程作为一门学习及运用英语语言的课程，与义务教育阶段的课程相衔接，旨在为学生继续学习英语和终身发展打下良好基础。高中英语课程强调对学生语言能力、文化意识、思维品质和学习能力的综合培养，具有工具性和人文性融合统一的特点。高中英语课程应在义务教育的基础上，帮助学生进一步学习和运用英语基础知识和基本技能，发展跨文化交流能力，为他们学习其他学科知识、汲取世界文化精华、传播中华文化创造良好的条件，也为他们未来继续学习英语或选择就业提供更多机会。高中英语课程同时还应帮助学生树立人类命运共同体意识和多元文化意识，形成开放包容的态度，发展健康的审美情趣和良好的鉴赏能力，加深对祖国文化的理解，增强爱国情怀，坚定文化自信，树立正确的世界观、人生观和价值观，为学生未来参与知识创新和科技创新，更好地适应世界多极化、经济全球化和社会信息化奠定基础。基于这样的表述，可以认为，作为一门工具性与人文性并重的学科，英语学科具有极为丰富的育人价值，如何充分挖掘和发挥英语学科的育人价值理应成为每个高中英语教师认真思考和实践的重要使命。

二、实现英语学科育人使命的优化建议

（一）加强英语学科育人指导

一线教师前行的每一步都离不开专家的引领。专家所著的一些参考书籍为教师解决了一个又一个难题，成了指路明灯，让教学设计变得更加规范。如果各级教学研究部门或相关领域的专家能够对英语学科育人进行深入研究，对课程标准中的学科育人部分进行解释，或是以指导性文件或参考书籍的形式呈现研究结果，

那么可以明确学科育人的价值，提高课程标准的指导性，为一线教师在英语教学中实施学科育人提供理论依据、规范性指导和教学案例等，让教师有法可依、有据可循。

一线教师获取教学资讯最直接、最快捷的方式就是参加教学研讨活动与专题讲座，所以，如果相关部门可以设计以"基于英语学科育人的教学与评价"为主题的教师培训课程，就能增强学科带头人、骨干教师对学科育人的引领能力，为高中英语教学输出更多的专业型人才，将英语学科育人向区域范围内外辐射。此外，还可以通过开设相关主题的专题培训、专题研讨或专题讲座，大力开发培训资源，从而提升教师的英语学科育人理解能力和实施能力。

教师个人的能力与精力有限，如果区域和学校可以加强德育教研工作组与德育室的联合教学研讨工作，将区域德育教研工作组、校德育室的德育目标与英语教学相结合，共同研讨完成教学设计，开发英语学科育人资源，并在学校范围内将课例进行公开展示，那么可以让德育教研工作组和德育室合力发挥更大的作用，也让更多的教师深入了解英语学科的育人价值。

（二）加强英语学科育人教学实践创新

"实践是检验真理的唯一标准。"只有不断研究、不断实践，才能寻找到在英语教学中实施学科育人的有效途径和方法。所以，在教学设计中注入更多学科育人元素，加强教学实践创新，有助于更好地在英语教学中实施学科育人。

1. 深入挖掘教材中的德育内涵

教师首先需要了解教材。虽然教材并不完全等于教学内容，但它是提供给教师参考的标准和使用的资源，教师必须以教材为本，不能完全脱离教材。此外，教师在教学过程中也不能完全照本宣科，需要根据学生实际情况对教材中的核心内容进行加工改造，使教学内容更适合学生。要在英语教学中实施学科育人就更要对教材进行分析，研究其中的德育内涵。

2. 创设蕴含德育内涵的语境

语境是用来为教学服务的，而学生正是教学的主体。在创设语境的过程中，教师应关注语境是否真实合理、贴近学生的实际生活、符合学生的认知水平，能否使学生产生情感上的共鸣。而想要创设蕴含德育内涵的语境，教师就应该做个有心人，在与学生交往的过程中用心观察，增加与学生之间的互动和交流，从他们身上找到一些学科育人的切入点。

高中英语课堂教学设计与策略研究

3.将德育内涵与教学内容、教学资源、教学活动相结合

教学内容是学生最直接接触到的德育内容，通过对教学内容的学习，学生不但可以习得语言知识，还能够体会到其中蕴含的德育内涵。

教学资源种类繁多，巧妙地运用丰富的教学资源不仅能够提高学生的学习兴趣，还有助于提高学生的学习成效并加强学科育人成效。要想通过教学活动加强学科育人，在设计教学活动时就要有针对性。

4.借助板书、课后作业和活动强化学科育人

板书可以为学生提供语言输出的框架，如果在板书中融入德育内涵，那么可以在学生进行语言输时强化德育内涵。设计相关课后作业或活动有助于德育渗透，甚至还能起到提升德育价值的作用。

（三）建立英语学科育人评估机制

合理、健全的评估机制是保证英语学科育人有效实施的重要途径。如果可以建立一项评估内容精准、评估标准合理和评估方式多元的评估机制，那么既可以使相关部门和学校了解英语学科育人的情况，优化教学管理，促进英语学科育人的发展和完善，还可以使教师调控英语学科育人方法，提高自身的教学水平，调动自己在英语教学中实施学科育人的积极性，增强英语学科育人的成效。

第二节　高中英语课堂教学的目标

一、教学目标的内涵与功能

（一）教学目标的内涵

国内外学者对教学目标内涵的研究主要有两种观点，第一种观点关注教学结果，第二种观点关注学生的改变。第一种观点主要提出者有田慧生和施良方。田慧生认为教学目标是由开展教学活动的主体提前确定的，是教学活动要达到的，而且是可以测评的教学结果。施良方认为教学目标就是课程目标具体化的结果，能够引导教学活动的开展。这两位学者更强调教学目标对于教学的作用。第二种观点提出者主要有皮连生、何克抗。皮连生特别强调了教学目标是一种预期的结果，预期的内容一定是学生要发生的变化，学生在课后能做什么。何克抗认为教学目标是对学生学习之后表现出的行为进行具体的表述。国外学者派诺特认为教

学目标主要强调的就是学生行为的变化，而不是教师行为。虽然不同学者对教学目标的理解略有不同，但是有一些共同的认识：第一，教学目标一定是明确具体的；第二，课程改革之后，对教学目标的认识趋向于第二种观点，即教学目标主要是对学生发生变化的描述。

（二）教学目标的功能

1. 指导功能

指导功能体现在整个教学活动过程中，具体表现在三个方面。第一，指导教师对教学内容、教学方法、教学工具和教学媒体的选择和使用。第二，教学目标可以指导学生学习。教师在正式教学前就向学生提出教学目标，使学生在学习中有一定的方向性。第三，教学目标可以作为评价教学质量或效果的客观依据。教学标准和评价标准的统一，可以避免教学的主观性和随意性。

2. 调节功能

调节功能把教学目标与信息反馈相联系。教师有了明确的教学目标后，通过不断的信息反馈，可以一次又一次地纠正教学活动中的偏差，使所有的教学活动都能以教学目标为依据。教学目标的调节可以避免教师教学时间、学生学习时间和学校教学资源的浪费，从而提高教学效果和质量。

3. 激励功能

当中等难度的教学目标满足学生的内在需要时，可以使学生产生做新任务的期望，激发学生的学习动机、学习兴趣和实现学习目标的愿望，并转化为学生积极参与教学活动的动力。

4. 评价功能

教学目标的评价功能是指教学目标对教学结果的评价和测量。教学可以通过多种标准来评价，如学生的考试成绩、学生的课堂参与程度等，但唯一客观可靠的标准是具体明确的课堂教学目标。教学结束后，要对照教学目标来衡量教学效果，评价是否达到了教学目标。

总之，教学目标在课堂教学前设计，在课堂教学之初提出，在课堂教学中贯穿始终，在课堂教学中实现，在课堂教学后评价。它承担着指导、调节、激励和评价的功能。明确教学目标可以减少教学的盲目性和随机性，提高教学的效果和质量。

二、高中英语课堂教学目标设计的理论依据

（一）教学目标陈述理论

美国课程专家拉尔夫·泰勒提出了关于课程与教学的"泰勒原理"，他认为在课程的开发以及实施的过程中，教学目标的确立是非常重要的一个环节。基于此，泰勒对行为目标的概念做了阐述，认为行为目标最终可以通过学生的外在行为表示出来，是可以进行测量的一种目标。

美国心理学家马杰受到泰勒的启发，编写了《准备教学目标》一书。在书中，他对于教学目标的理论做了进一步的整理和论证，提出了陈述教学目标的方法，即三要素法：首先明确学生学习之后行为有哪些变化，即这些行为可以观察；其次教学目标的表述中要明确行为发生的条件；最后，行为发生的程度，这个程度往往是最低要求。后来这种三要素法被很多教育者接受。在教学设计的实践中，学者阿姆斯特朗和塞维吉发展了马杰的模式，提出了 A，B，C，D 模式。A，B，C，D 指具体教学目标中要包含四个要素，分别是：A——对象（audience），阐明教学对象；B——行为（behavior），说明通过学习以后，学生能做什么（行为的变化）；C——条件（condition），说明上述行为在什么条件下产生；D——标准（degree），规定达到上述行为的最低标准。

（二）SMART 原则

SMART 原则是由美国管理学家彼得提出的，后来逐渐发展成为设计教学目标的原则。SMART 原则指具体的（specific），可测量的（measurable），可实现的（attainable），相关的（relevant）和时间性（timing）。

具体性原则。具体指教师设计出的教学目标能够指导教师的教学和学生的学习。这就要求教师首先将英语课程标准的要求牢记于心，其次熟悉教材内容和编排体系，最后了解学生的实际情况。

可测量性原则。教学目标就是学生课堂结束后对达到预期的学习结果的描述。教学结束后，学生的学习结果应该是已知的，因此教师可以使用一些容易测量的行为动词来制定教学目标。

可实现性原则。教学目标的一个重要功能就是指导学生学习。因此教学目标的制定要考虑大部分学生的情况，教师要注重目标的层次性，要照顾到学生的差异性。

相关性原则。首先，教学目标的设计不是孤立的，它是单元教学目标的分支。其次，教学目标的设计还要基于很多因素，有《普通高中英语课程标准》、英语教材和学生的特点。最后，教师设计教学目标，要依据每个课时具体的文本内容，确定目标维度的侧重点。

时间性原则。教学目标就是指一节课要实现的目标。因此教师要考虑实现教学目标所需要的时间，有了时间的限制，也能够提高英语课堂的效率。

三、高中英语课堂教学目标的内容

（一）给学生传授语言知识

教师把英语传授给学生的教学过程在此被视为一个物质交流过程。在这个交流过程中，主要的参与者是教师和他所教授的语言，而学生的存在是偶然的，他只是被给予的对象。从人际交流的角度讲，教师像赠送钢笔等物品一样，把英语"给予"学生。在这种情况下，教师通常要教给学生他们自认为是"好"的英语，如"标准英语""文学英语"等。在这种交流过程中，教师处于控制地位，学生则处于被控制的地位。所以，"学生认为什么是好的英语"是无关紧要的，因为他没有发言权。教学的重点是语言，施事者是教师，学生只是受益者，这似乎是传统外语教学的模式。教学的目标是教师教给学生自己认为是"好的"或者是"美的"英语，使学生学会标准的、高雅的英语。从方式上讲，教师在不停地教，而学生则只能不停地接受。至于他愿不愿意接受和能接受多少，教师不太注意，而注意的是学生是否在接受。从教学内容上讲，教师教给学生许多自认为是好的语言知识，特别是美的文学语言知识，不在意这些语言知识是否在实际交际中有用。这是传统外语教学法的特点。教师通常为自己所选择的美的教学材料，或者是美的教学方式所陶醉。教师的快乐在于知道学生懂得了自己在课堂上所教授的内容并且欣赏自己的教学内容和课堂表演。

（二）训练学生的英语技能

从人际交流的角度讲，教师用英语教导学生这一教学过程的重点仍然是教师，学生是参与者之一，但只是一个被动角色。学生的参与受到外界因素的影响，受到教师行为的支配，自己没有学习的主动权。但在这一过程中，教师不再是简单地像给予学生东西一样把语言传授给学生，而是把语言作为表达教师与学生的关系的一种手段，即教师通过训练学生表现了自己的"权威地位"，在一系列操练过程中，使学生提高了技能，达到教师的训练目标。从课堂内容的角度讲，在这一教学过程中，教师通常提供大量的课堂训练和练习以及大量考试，教学目标是使学生掌握运用语言的技能。

从教学方式上讲，教师主要让学生进行大量训练，开展许多活动，学生是这些活动的参与者和训练对象。这种教学模式既与传统教学法中教师主导一切的模式相似，也与模式训练法的教学模式相似。学生只是被训练的对象，自己没有主动权，所以难以发挥学生的主观能动性。这是一种结构主义和行为主义的教学模式。教师主要不是让学生学习语言知识，而是使其获得语言技能。但这种技能不是实际运用语言的能力，而是一些语言模式，而且这些模式大部分是一些根据结构主义理论提炼出的语言结构模式，而不是根据情境语境中的语境模式提炼出来的语言功能模式。

（三）培养学生的跨文化交流能力

1. 英语的跨文化属性

高中英语学科的性质是由其研究对象——英语教学的性质和特点所决定的。而英语教学的特点和性质又受到其教学内容——英语语言的影响。英语语言具有文化性，而且由于在高中英语教学中教学内容是英语，学生的母语是汉语，英语和汉语之间具有了"跨"的特征，因此高中英语学科具有跨文化性。

我国对英语语言教学本质的认识有阶段性的特点，高中英语学科具有跨文化性也是一个逐渐发展的过程。19世纪到20世纪中叶，我国的英语学术界普遍认为语言是一个完整的符号系统，注重对语言层次、结构和功能的分析，主张从符号的角度来理解英语语言，从形式和实体方面来分析语言，强调语言系统的严密性。在这个阶段，语法翻译法在我国英语教育中盛行，即以语法为中心，通过母语与目标语之间的互译实现教学目标。此时的英语教学重视语言形式的准确性，翻译能力、阅读和写作能力的要求超过了口语能力。

20世纪70年代英语教学中开始流行的交际法是交际语言学说的产物，研究者从人类学、社会学、心理学、社会语言学等角度，尝试揭示语言教学的本质。社会语言学家海姆斯的交际能力理论和韩礼德的功能语言学理论为语言教学提供了理论支点。这种观点认为，语言的功能是交际，学习英语最重要的目的是实现沟通，其教学的最终目的是培养语言交际能力，而学生也只有在交际中实践才是外语学习的最佳途径。

20世纪80年代以来，在交际理论框架下发展了新的理论，倡导以意义为中心，以完成交际任务为教学目标的任务教学法。它认为英语教学的过程可以理解为具体任务的完成过程，通过任务成果的展示来体现教学目标的达成。学生通过"做中学"进行对话互动，输出目标语，由此产生语言的习得。这时对英语教学的认识更多地凸显了"以学生为中心"。

语言翻译法、交际法、任务教学法是我国近些年来广为使用的教学法，影响深远。英语教学法是建立在系统的原则和程序基础上的语言教学的途径和做法，是有关语言教与学的最佳观点的应用。某一种教学法在某一时期的流行，可以折射出当时人们对英语教学本质的看法。我国英语教学从语法翻译法到任务教学法的发展，映射出对英语教学的认识逐渐从语言本身（如结构、功能、系统等）向语言的习得和运用进行转移的变革趋势。

而在经济全球化的今天，高中英语教学目标需要符合社会发展的诉求，除了培养学生的英语语言能力和交际能力之外，还需要培养学生的跨文化能力，即通过本学科的教学，提倡发展学生平等、共赢的文化态度，准确地向世界介绍表达自己母语文化的能力，以及适应多元文化社会必需的移情、包容的理解力和适当的文化判断力。英语学科跨文化性的认识是在新的时代背景下，对本学科本质理解的加深，符合英语学科教学多元化的发展趋势，是对教育发展趋势的遵从和适应。或者说，英语教学的发展本身就是社会变迁的一部分。

还需要注意的是，我们的高中英语教学虽然只是教一种语言——英语，但实际上英语本身已经负载了多种文化，因此英语教学的内在规律性已经决定了高中英语教学应该进行的是多种文化的教学。本学科的教学内容——英语语言让我们面对的是英国文化、美国文化、加拿大文化、澳大利亚文化、新西兰文化等。如果对民族和地区进一步细分，又可以进一步进行区分，仅以英国文化为例，就包含威尔士文化、苏格兰文化、英格兰文化、北爱尔兰文化等。在英语一种语境的情况下有如此多的亚文化划分，一方面说明了高中英语教学中蕴含的语言文化具有复杂性和多样性，另一方面说明，高中英语教学是一种跨文化教学，跨文化性是高中英语学科的学科属性。

2. 高中英语跨文化交流能力

随着新教学大纲的颁布、英语教学改革的深入，培养学生交际能力的意识越来越强。培养学生的跨文化交流能力是英语教学的最高目标。英语教学的过程实际上是一种文化适应的过程。一方面，它要求学生把目标语文化，也就是英语文化与自身现有知识进行等值条件下的转换；另一方面，又要无条件地但又积极地理解、吸收与本国文化不同的信息。由于英语与汉语之间存在巨大差距，因此学习英语不可避免地遇到文化差异造成的障碍。为了消除这种障碍，英语教学就必须强化文化教学，即在教学过程中，相应地进行英语语言文化教学。从英语教学的角度讲，教授语言知识和培养言语技能是前提、是基础，而跨文化交流能力的培养是前者的深化和提高。

第三节　高中英语课堂教学设计的系统

一、课前系统

（一）分析教学对象

学生是教学活动的主体，教师应对所教学生的实际状况进行深入的调查研究，了解学生的特点，从而选择适合学生的教学方法，做到因材施教，最大限度地发挥学生的潜能。教师对学生的分析应从以下几个方面去考虑。

①了解学生的英语知识、英语技能水平和英语基础。教师对于学生在学习上的困难以及学生在听、说、读、写能力上，在语音、语法、词汇上的水平，不仅要有一个总体的估计，还要对每名学生有具体的了解。教师设计的问题要适应具体学生的认知水平，要使每名学生都能感到教师对自己的关怀和自己在学习上的进步。

②了解学生的心理特征和认知发展水平，为制定教学目标提供依据。主要包括对学习兴趣、动机、态度、自信心、意志等心理因素的分析和对学习能力、学习策略、智力水平等方面的考虑。例如，高中阶段的学生已经具备了一定的抽象思维能力，开始关注自我；低年级的学生好表现，自我约束力等还有待提高等。因此制定教学目标和设计教学活动时要考虑学生的心理特点和年龄特征。

③了解学生的学习方法、爱好和对教学的渴望。学生是学习的主体，他们是怎样学习英语的？他们的学习方法是否有效？教师要结合讲课、提问和布置家庭作业，向学生介绍好的学习方法，提醒学生在学习上应注意的问题。另外，教师应该注意学生在学习上的爱好和特长，收集学生对教师教学方法的意见和建议，在备课时，应根据学生的合理意见，改进教学方法，使之更符合学生的需要。

④了解学生的学习阶段、社会背景。教师要分析学生的生活经历、年龄特点、

学习时间及社会、家庭对其可能产生的正负面影响，比如家里是否有可利用的英语学习设备，家长是否有能力辅导孩子的学习以及学生用于学习英语的时间等。教师通过了解学生的社会背景，可以有效地确定课堂操练要求和课外作业，有针对性地给学生安排课外活动任务。

（二）分析教学内容

分析整合教材是每个教师应具备的基本能力，也是每个教师所做的日常工作。按照对教材处理方式的不同，教学设计可以分为单元教学模式和专题教学模式。单元教学模式是为了提高课堂教学效率，部分教师创造了以某一章或某一单元为主要单位的教学模式。专题教学模式则是在高三复习过程中，教师在进行第二轮复习时常采用的方法。不过整体来说，教学模式的分类目前还比较混乱，缺乏统一的标准，需要大量的分类研究和专家的界定。

分析教材时教师首先要将全套教材通读一遍，对全套教材有一个基本的了解，这样才能对教材编写的指导思想、编排意图、主要内容等做到心中有数。在通读教材时，教师要对教材的基本结构和内容做一个简要的分析，如这本教材有多少单元，每一个单元需要多少课时，本册教材的话题有哪些，单元与单元之间有什么联系，重点和难点的分布等。分析某一课时，教师要对这一课做全面分析，如本课在本单元的地位，是新授课还是巩固拓展课，是综合课还是复习课，是以听说为主的课还是以读写为主的课，本课的重点、难点如何，如何处理教学内容等。具体来说要注意以下几点。

①根据学生的实际情况对教材内容、编排顺序、教学方法等进行适当取舍或调整。

②在把握教学内容之间的关系、明确各阶段及每节课的教学任务和要求的基础上，根据基本能力培养目标，确定教学的重点和难点。

③分析教材内容，根据教学的重点、难点，寻找新旧知识的衔接点，并有目的地设计符合编写者意图的操练活动。

（三）确定教学目标

教学目标是教学的出发点和归宿，是教师进行教学活动的指南，是学生的具体指标，是检测与评估的标准，是评价教学效果的依据。通过一系列教学活动，对于学生应该掌握哪些知识和技能，培养何种态度情感，教师可以用可观察、可测定的行为术语精确表达出来。按照教学目标，教学设计分为三大类：以掌握基础知识为主要目标的教学设计，如知识结构教学模式、讲解讲述模式、知识竞赛模式等；以培养学生能力为主要目标的教学设计，如问题教学模式、讨论辩论模式、研究性学习等；以情感培养为主要目标的教学设计，如多媒体再现历史模式、参观调查访问模式、讲解讲述模式等。对教学目标的把握要则如下：

第一，确定教学目标时应综合考虑《普通高中英语课程标准》、教材以及学生情况。

第二，在课堂教学中，应体现出知识、技能、情感、策略、文化的目标，但每节课应根据各个因素确立适度的目标。

第三，认知目标具有一定的层次性，教师应根据课型与教学的进度，逐步地推进目标的达成。目标达成的层次应有所侧重，如新授课（讲练课）教学目标达成的重点应放在了解与操练，而巩固课（技能训练课）和复习课则应把操练和运用放在首位。

第四，因学生情况各不相同，对其要求的目标达成度可以不同。

（四）确定教学策略

教学策略是指在具体条件下，为达到预期目标所采用的途径和方法。教学策略也可以分为教的策略和学的策略，应包括情感策略、管理评价策略、认知策略和交际策略等。教学实践证明，不存在任何对达成所有教学目标都有效的、万能的教学策略和方法。因此，在设计策略时应采取最优化的原则，根据教学的具体条件去选取最佳的策略方案。

教学策略是影响学生学业成绩的重要因素，有效的教学是激发学生学习和提高学业成绩的良好手段。虽然教学策略与学生学业成绩的关系是教育学研究的经典主题，但通过文献梳理发现，研究者对教学策略没有形成统一的认识，各自关注的角度与层面也并不一致。具体可归纳为三个层面：一是认知层面的教学策略，二是行为层面的教学策略，三是教学模式层面的教学策略。

首先，针对认知层面的教学策略，有学者利用 PISA2012 的数据验证了认知激活策略对学生学业成绩具有显著正向影响。

其次，针对行为层面的教学策略，美国研究者对 1980 年到 2004 年 62 个研究进行了元分析，结果发现，强化学习内容与情境策略对学生科学学习成绩的平均影响效应量达到 1.48，是所有教学策略中效应量最高的策略，其他教学策略对学生科学学习成绩的平均影响效应量依次为：提问策略 0.74、操控策略 0.57、评价策略 0.51。

最后，针对教学模式的策略，研究者主要聚焦于讲授、合作、探究等教学模式。例如，施罗德等人的元分析发现，合作性学习策略对学生科学学习成绩的平均影响效应量为 0.95，而探究策略的效应量为 0.65。国内研究者钟志勇等人利用 TIMSS2007 的数据研究了探究式教学、传统讲授式教学以及自学反馈式教学对内蒙古学生科学课程成绩的影响，发现传统讲授式教学对学生科学课程成绩具有正向预测作用，探究式教学没有对学生科学课程成绩产生显著影响，而自学反馈式教学对不同授课语言的学生科学课程成绩的影响具有异质性。

二、课堂教学系统

课堂教学环节是分析教学对象、教材以及确定目标、策略的表现形式，是教学的主体。而教学活动则是教学过程的本质。现代教学观认为，教学是教师和学生相互交往、积极互动、共同发展的过程。没有交往就没有互动，就不能实现发展，教学也就成了无源之水、无本之木。因此，交往是教学的源泉，互动是教学的核心，发展是教学的目的。

教学活动的构成有六大因素：主体（教师和学生）、客体（学科知识、技能等）、情境（教学场所、环境设施、师生关系、合作形式及集体的学习风气等）、运作（组织形式、学习方式、师生间交往形式及学生的主动参与状态等）、效果和体验（知识、技能等目标的达成度，思维、能力水平的提高度，学生实现自我和完善自我的情感升华等）。由此可见，教师组织教学活动时应创设情境，促进学生在情感、思维和行为等方面的主体参与；同时由于教学是教师的教和学生的学的统一，教学活动应具有合作交往的属性，从而达到共享、共进的目标。具体来说，设计教学活动时应考虑以下几个方面。

①活动是否服务于教学目的？

②各具体活动的名称、目的、步骤是什么？各活动之间是否过渡自然？

③如何引入、如何过渡以及如何处理教学过程中各要素之间的关系？

④如何结束某一任务？如何展示教学结果？

教学实践中教师采用的教学活动有多种，但就其基本要求而言，主要有两种。一是根据学科课程内容的结构特点设计教学活动。新课程标准提倡发现式学习，但绝非否认接受式学习的重要性。不过传统的教学几乎完全忽略了发现式学习的积极作用，把具有生命活力的学生当作吸纳知识的容器，把本应是通过积极探索转化的、生动的学习过程变成了消极、被动、死气沉沉的传递知识的过程。教师在教学中可按照内容的不同合理选择，并有机地整合，比如在讲授不同课型时，教师有针对性地采用不同的方法，新授课注重了解和练习，复习课强调练习与操练。二是以问题解决过程的活动为线索或以学生的心理发展过程和活动训练为线索设计教学活动。比如对理性较强的问题按前后逻辑关系组成问题，将知识系统化；而对综合性较强的内容进行加工，分成若干个主题，然后让学生分组展开学习。

三、课后系统

（一）教学评价

1. 教学评价的发展

20 世纪初，国外着手于研究教师自身的品质对课堂教学质量的影响，得到了教师评价量表。该量表主要包括教师的智力、态度、经验、信念等指标，但在之后的研究中发现上述研究是无效的。因此，国外将课堂教学评价研究转向有效教学。

从 20 世纪 60 年代起，以学者瑞安斯的教师特征研究为代表的有效行为和无效行为区分的研究兴起，使用的方法是利用工具观察记录课堂中教师的行为。瑞安斯及其团队通过课堂观察、因素分析和相关分析识别出九个教师特征，这些特征分别导致有效或无效教学。

20 世纪 80 年代，研究人员采用综合手段对教学进行研究。学者科恩在 1981 年通过研究学生成绩与学生评教之间的关系，发现师生关系在很大程度上影响着学生的学习成绩；进一步研究还发现，师生关系与学生的情感发展比认知学习更为重要。美国教学评价专家多伊尔于 1983 年经过综合分析已有研究成果提出了十九项重要的教师教学行为特征。

20 世纪 90 年代以后，西方国家致力于构建科学的课堂教学评价框架，其中最具代表性的通用型评价框架有 FFT 框架和 CLASS 框架。通用型评价框架旨在从整体归纳出高效课堂教学的共性要素。

国外课堂教学评价的发展比较迅速，这得益于三方面：①以教学评价理论、有效教学理论以及相关心理学理论作为坚实的理论基础；②科学化、现代化的评测工具；③外部政策的支持。

我国的课堂教学评价初见于 20 世纪 50 年代。1952 年苏联教育家普希金在北京师范大学第二附属小学的一节语文观摩课上的发言中讲到如何进行听评课。深受苏联的影响，此后，我国教育界基于"一堂好课"理念的相关研究不断涌现。比如，向元江认为一堂好课的标准如下：目的明确，要求适度；重点突出，"双基"落实；结构合理，教法得当；板书规范，直观性强；讲普通话，语言规范。罗明基的好课标准是：教学目的明确；教学内容正确；教学方法恰当；组织得好；师生积极性高；教师有全面扎实的基本功。余文森和陈列对好课的期望是：目标切合实际；内容具有科学性、目标性、启发性、思想性；内容处理恰当；教学方法有效；教学进程整然有序、严密紧凑。李秉德在《教学论》中也提出了好课的标准。

"一堂好课"理念对我国课堂教学评价产生了深远的影响。在相当长的一段时间内，研究人员旨在为听评课提供理论和方法指导；研究方法主要为理论推导和经验总结；评价对象主要为教师，评价聚焦于教学设计、教学方法、教学基本功；在价值取向上，强调课堂结构的完整，以及在教学中贯彻相关教学原理和教学原则。

但是，我国的课堂教学评价并不是单纯模仿国外，而是在继承中发展。评价标准与指标是教学评价的核心，我国不断加强这方面研究的科学性和实用性。自 21 世纪新课程改革以来，在评价标准与指标的制定方面发生了较大的变化：①最初只是将课堂教学分为各个要素，将教师的教学效果等同于课堂教学质量，这只关注到教师的教。之后有了转变，将教师和学生共同作为评价的主体，如范蔚、叶波、徐宇等人提出了"师生共进"的有效教学评价标准，主张建立课堂教学评价标准要以师生共同发展为价值取向；以学评教的策略也被提出，如陈佑清、陶涛主张建立"以学评教"的课堂教学评价指标。②课堂教学评价标准与指标的研制从固定转向开放。南纪稳指出，固定的评价指标体系（也称结构性的指标体系）的方法论指向实证主义和科学主义，具有"工具理性"；而开放的评价指标体系（也称半结构性的指标体系）的方法论指向自然主义和建构主义，具有"解放理性"。二者各具优缺点，应将两者有机结合来进行课堂教学评价。这是因为固定的评价指标体系体现了课堂教学的共性，是统一的标准，但是教学是具有差异性和生成性的，研究不能忽视这一特色。③课堂教学评价的价值取向转为培养学生的核心素养。新课改之前，评价注重学生对知识的掌握和解题能力的提高；新课改之后，评价除了注重学生对知识与技能的掌握，更聚焦高层次的过程与方法和非认知领域的情感态度价值观。

历经多年发展，我国的课堂教学评价取得了丰硕的成果，但同时还存着一些问题：①理论与实践的分离。对课堂教学评价的研究尤其是评价工具的开发不是一蹴而就的，需要历经理论构建再在实践中反复调整的过程。美国的课堂评价领先的一个原因就是形成了"在借鉴中变革，在理论中扎根，在实践中检验"的研究范式。反观我国的评价指标体系，多是根据自己的经验制定的，同时在课堂实施较少，这样理论与实践的分离对课堂教学评价的发展造成阻碍。②缺乏对课堂客观、精准且细致的描述。目前使用评价指标体系，多是根据评价标准来打分，结合权重系数计算得到总分。在课后，教师往往反映无法从这些评价中获取有效信息来在课后教研中自我反思和改进。③评价指标体系的构建不具备学科特色。我国开发的课堂教学评价工具具有泛学科倾向，进而教学评价无法更精准实施。上述存在问题启示教研人员需要与一线教师合作，通过大量实证研究积累关于课堂教学原生态的信息；同时，借鉴国外的经验，积极探索适合我国的教学评价模式；研究过程中还要关注到学科，使得评价指标体系更具学科特性。

2. 教学评价的组成

（1）评价目的与评价目标

①评价目的。明确的考核评价目的和具体的考核评价目标在整个考核评价活动中至关重要，所以我们要弄清楚"为什么评"这个问题。从学生发展的角度来看，教学评价能够让学生了解自己的学习情况，清楚学习效果，从而促使学生反省或者改善学习方式以促进个人发展。从教师发展维度来看，教学评价可以帮助教师掌握学生的学习情况和教学效果，发现课堂教学中的问题并及时改进，从而促进高中英语教师专业化发展。一般意义上，关于课堂教学评价的目的主要有以奖惩为目的、以促进为目的、以提供决策依据为目的的三种类型。

②评价目标。高中英语教学目标与教学评价目标虽然并不完全相同，但是教学评价目标的设定要以教学目标为重要参考，并且不能与教学目标相背离。高中英语课的教学目标按照不同的标准可以划分为不同的类型,可以划分为三维目标。由此可见，高中英语课的教学目标并不是简单的知识目标和能力目标，它还包括很重要的情感态度价值观目标，这就要求在设定评价目标的时候必须涵盖以上知识、能力、情感态度价值观方面，必须对这三个维度的目标有所反映和体现。

（2）评价主体

"谁来评"是我们要明确的第二个问题。在高中英语课的教学评价中，我们要避免评价主体单一化。多元评价主体是为了保证考核评价从多个不同利益主体的角度出发，力求实现客观、公正、全面的评价。作为学生，利益诉求在于通过教学评价能否让"我"掌握该堂课所教授的知识？上完课后"我"是否有所得？学生作为评价主体其直接的利益关注点还是自身，主要服务的对象是"学"。学生进行评价时教师要注意引导其规范、诚信、客观评价，让学生的主体性得以体现，避免学生评价流于形式。教师作为评价主体是从教师自身的利益角度出发的，关注学生的课堂学习表现、学习情况、教学方法和课堂教学效果等方面，旨在发现课堂教学问题并及时调整改进。同行评价和督导评价相较于之前的学生评价和教师评价来说又更具客观性，教师和学生既是教学的重要实施者和直接参与者，又是评价的重要主体，而同行和督导并不参与教学活动，仅作为评价主体对教学各个方面做出观察与价值判断，旨在发现教学中存在的问题并帮助学生和教师改进以往的不足之处，促进其发展，为英语教学服务。同行就是指同一工作行业或者专业领域的人。在高中英语课教学评价中，从事高中英语教学的教师和经验丰富的英语课专家是同行评价的两个重要构成群体。督导评价主要以随机抽查为主，但还应注意对于一些特殊群体教师给予精评、细评，如新入职教师以及考核评价情况不太理想的教师，以此促进高中英语教师教学水平的提升，使教师更好地提供高质量的教学服务。不同的评价主体从不同角度出发有利于保障考核评价的全面性和客观性，也可以避免单一评价主体的局限性。社会心理学上有个著名的"沃博艮湖效应"，就是指自评的分数往往会高于实际应得的分数，所以不同的评价主体参与教学评价都有其优点和局限之处，所以确定多元的考核评价主体参与教学评价是必要的。此外，确立以上四类考核评价主体还能够有效减少多头评价、重复评价，减轻各个部门的工作压力。

（3）评价内容

评价的范畴、内容、对象是我们要明确的第三个问题，即"评什么"。评价范畴主要分为"教"和"学"。评价内容按照不同的标准也可有不同的划分，可以根据教学要素或者教学评价对象进行划分。首先我们要对教师的教学行为进行评价，关注教师的教学准备、教学目标、教学方法和手段、教材处理、教学组织、教学管理等方面。其次，我们要评价学生的学习情况，学生的学习情况涵盖的范围较广、内容较多，它包括学习过程中学生的情况还有教学活动完成之后学生的情况，对学生学习情况的观察是长期持续的。

（4）评价方法

在确定评价目标和标准之后，到底用什么方法来评价也是值得思考的，这是我们要明确的第四个问题，即"怎么评"。客观且多元的评价方法是高中英语教学评价科学化、专业化、客观化得以保障的前提条件。

我们在进行课堂教学评价时既要强调科学的定量评价，又要强调定性评价。这样可以改善高中英语课堂教学评价重量化、轻质性评价的现状，保证高中英语课堂教学评价的整体性和系统性。学生在进行考核评价时要对教师和教学过程的各个方面进行评价，同时，不能忘了自我评价，包括评价自身学习兴趣、学习行为和学习效果等方面。此外，学生之间也要以一定的方式展开互评。教师同理，不仅要评价自身的教学行为和教学效果，还要对学生进行评价。自我评价和他人评价是相互补充的两种方法，同时还可以把个人评价与团队评价相结合，力求多元化评价方法，保证评价结果的科学性和客观性。

我们还要探索增值评价，其实质就是教育评价领域当中可持续发展的重要体现。学生通过学习，将所学知识内化往往是需要一段时间的，通过学习后形成的较为稳定的情感、态度及价值观需要更长的时间进行内化。所以我们可以采用相对评价、绝对评价、个体内差异评价等多种评价方式以弥补传统的横向比较的缺陷，最大限度地发挥纵向评价的优势，提升增值评价的合理性。

（5）评价指标

考核评价指标是考核评价体系中的重要组成部分，评价指标的确立和筛选以及权重的分配都对高中英语课堂教学起到重要的调整作用。我们可以将高中英语课堂教学考核评价指标体系看作一个集合，其中的各个指标看作元素。评价指标是评价工作开展的核心，指标内容涵盖了课堂教学中教师的"教"与学生的"学"以及其他要素，重点评价学生，以此来体现"以学生为中心"的评价理念。

3. 评价指标构建原则

（1）科学性

所谓科学性，意指所要介绍的概念、原理等内容或者论证的方式是具有一定的客观性与确切性的，在某种意义上可以反映出客观事物的本质规律。对于高中英语教学评价指标体系的构建，科学性原则主要体现在具体构建的各个环节、过程中都应符合科学的要求，都应遵循教育学和统计学等学科的内在规律，不得主观臆断，应最大限度地反映出高中英语课堂教学的实质性要求。

（2）合理性

所谓合理性，从字面意义上来理解，即指某一事物的存在与发展应是合乎常理、合乎道理、合乎客观理性的。在高中英语课堂教学评价指标体系的构建过程中，我们所拟定的高中英语课堂教学评价指标应符合高中英语的日常教学实际，应与客观存在的高中英语教学经验与事实相契合，如此构建起来的高中英语课堂教学评价指标体系才可能是客观且适度的。

（3）系统性

由于高中英语课堂教学评价会涉及多种因素，如何对这些影响因素进行合理、有效的组织与安排，还需要我们遵循系统性的原则。所谓系统性原则，是指所要构建的高中英语课堂教学评价指标体系内部应有一条逻辑主线，通过这条逻辑主线可以将所有影响高中英语课堂教学评价的因素联结起来，使诸多因素在统一教学目的和规律的要求下能够相互衔接、彼此联系，所有指标构成了一个完整的统一体。

（4）层次性

在构建高中英语课堂教学评价指标体系的过程中，层次性原则往往与系统性原则紧密联系。在一个完整、统一的系统内部，为了反映出客观事物内在的丰富性，往往会依据不同的维度、不同的视角将某一具体事物划分为不同的层次。这些不同的层次有各自的属性和规律，同时当它们统一在一起的时候，又可以呈现出事物内在的本质和规律。高中英语课堂教学评价指标体系中的各层级指标从不同的侧面反映着高中英语课堂教学评价丰富的内涵。

（5）可操作性

高中英语课堂教学评价指标体系构建的实践取向是直接指向真实的、生动的教学情境的。因而，高中英语课堂教学评价指标体系构建起来后应当能够被一线的教育工作者直接运用与实施。高中英语课堂教学评价指标体系的可操作性，一方面是指所设置的指标项一定是能够观察或测量出来的，另一方面则指该指标体系在实施过程中所运用的方法是较为简便的，能够帮助教育工作者在较短的时间内获得自己所需要的评价信息。

4.教学评价的重要作用

评价渗透在课堂教学的全过程，是对课堂教学中学生所表现出的种种信息进行处理的过程，它是高中英语教学过程中不可或缺的一部分，其重要性不言而喻。

（1）有利于促进教学活动的持续改进

教学目标是评价实施的依据，评价本身具有导向作用，评价结果可判断最终教学结果是否与教学目标相符，以此明确教师是否完成教学任务。教师根据教学过程和结果实施综合性评价，根据评价结果了解课堂教学目标的实现程度，判断教学方式的有效性以及学生的接受程度和学习成果。如果与目标存在明显差异，教师进行反思并改善教学计划，调整教学行为，这有利于教学活动的持续改进。

（2）有利于增强学生的学习动力

评价具有激励作用，学生是评价的对象之一，也是最大的受益者。在客观评价结果下，教师向学生及时反馈实际结果，帮助他们认识自我，使其明确自己学会了什么，学习的进度和成果如何，与之前的结果相比是进步还是退步。这些信息是学生开展下一步学习的动力，可避免他们在学习中迷失自我、漫无目的，也能增强学生的自信，促进其全面发展。同时可以让教师掌握学生的实际情况，调动教师的工作积极性，针对性制订教学计划，引导学生获得有效提升。

（3）有利于实现教学过程科学化

高中英语涉及的教学内容较多，评价的要素也相对较多。教师按照整体设计对教学情况做出检查和评价，综合学生的英语成绩、交际能力、性格特点、行为习惯、学习态度以及教材、教法等因素做出比较性的判断，转变了传统理念下重智轻德、片面追求升学率的不正确认知，有利于教材、教法的持续开发，有利于提升教师的专业素质，实现教学过程科学化发展。

5. 教学评价的发展建议

（1）加强多元化教育资源建设，健全评价指标体系

首先，加强网络教学平台建设，智慧赋能教学评价。网络教学平台可以满足个性化学习的要求，也是管理服务与评价的平台。网络教学平台更注重过程性管理和考核，便于直接通过对网络课程做出评价来衡量课堂质量，而对于教学效果，更是增加了多维度的评估监控。利用网络教学平台，教师可以对指标落后的学生提出学科预警，及时纠正学生的不良习惯。

其次，加强线上教学资源建设，扩大评价数据来源。例如：开发共享课程资源，建设线上学习资源矩阵；梳理线上知识图谱，编写"标签字典"；编订资源索引，构建个性化学习路径；运用数据分析，优化学生发展途径；等等。教师在课前可以了解线上资源使用情况，在课中可以进行考勤签到、投票、测评，掌握课堂节奏，在课后可以分析线下学习情况，最终通过雷达图、满意度等数据实现知己知彼。教学资源的建设更重要的是要基于大数据开展数据挖掘，精确开展学情诊断，进行个性化学习分析和定制化学业规划，实现基于数据的个性化监测。

最后，加强教育基础设施建设，健全评价指标体系。如通过建设智能体育馆、校企合作基地、联合实验室等，全面掌握学生的情况。

（2）构建科学化学生评价模式，提高评价数据可靠性

结合 2017 年《关于深化教育体制机制改革的意见》中提出的四种关键能力，对照专业认证、学科评估、审核评估、"双一流"建设标准、新时代教育评价改革要求，结合社会关注、就业单位实际需要，通过开展基于数据的规模化测评，将学生评价模式从单一结果导向转变为"多维"过程导向，将学生培养目标从知识的灌输向学生的全面发展转化。学者王树梅等以数据结构课程 SPOC 教学为例，

通过收集和分析各教学阶段的数据，对学生学习效果进行形成性评价进行了探讨。总之，构建科学化的学生评价模式应包括基础层、核心层、应用层等模块的构建，从而全方位提高评价数据的可靠性。

基础层：学生电子信息系统。基础层主要包括学生成长电子档案和学生校园安全轨迹两部分，前者主要反映学生的基本情况、学习和教育情况，后者则反映学生参与管理、实践和申请奖助学金、贷款等相关情况。信息获取方式可以选取信息化无感式采集，并由归口管理部门定期上传，或者由学生定期上传。

核心层：学生能力证书评价系统。通过基础层的信息调取获得学生全环节数据，建立模型、评价标准须向"能力素养"映射，符合能力证书的要求，同时满足学生的需求。这一系统一方面可以评价学生的表现，另一方面可以反馈问题，帮助学生提升能力。内容上既要包括课内成绩类的指标，又要包括课外拓展类的指标，通过两类指标的赋分，向核心素养赋值，最终全方位刻画出"学生成长画像"。

应用层：全面素质模块化测评系统。应用层主要分为定量分析和定性分析，其中对学生能力画像数据的定量分析具有科学化特征，可以用于就业供需对接；而教师、家长、同伴和自我评价则属于定性分析，可以表现出学生日常行为的多元化，可以用于评奖评优。应用层的结果还可以用于学生的评价诊断、反馈提升。

（3）加强数据建设和教育新基建，保障评价数据安全性

首先是教育教学评价数据建设。为了获取有效的教育教学评价数据，需要做到以下两点。

第一，保证"一数一源"。梳理数据资源目录，明细数据责任，解决数据多头维护、重复维护、源头不清问题，从根源上杜绝数据管理责任不清的问题。

第二，构建基于数据驱动的决策分析平台和治理体系。

加速校园"数字大脑"的落成，运用数据价值重新定义校园运行新模式。建设完善的信息系统，拓宽数据采集渠道，实施数据质量检查，提供数据纠错渠道，优化数据质量。识别缺失数据，促进数据、业务、流程高效循环。通过智慧决策中心、三维校园实景、校园数据引擎实现全局总览，科学决策，探索数据导向的"AI＋教育"新治理体系。

张培等学者指出实现"循数治理"，必须排除人为的干扰因素，将"离线静态化"的数据转化为"在线实时化"的数据，构建"用数据说话、用数据决策、用数据管理"的治理理念和思路，形成数据赋能的"神经中枢系统"。

其次是教育新基建保障体系建设。"教育新基建"是在信息网络的基础之上，以技术创新为驱动力，以新发展理念为引领而搭建的基础设施体系。教育新基建可以提供数字转型、智能升级、创新融合等服务，为高质量发展提供保障。

教育新基建通过物联网、人工智能、5G通信、大数据、云计算、区块链等技术，打造一体化网上数据中心，面向师生提供个人数据查询、采集、纠错等服务，提供数据可视化校情综合展示，展示教学、科研、学科等情况，展示学校数据总量、数据新增、数据完善、数据共享使用等情况。建设教育新基建保障体系，利用数据中心和高性能云计算中心搭建资源池，完善校园网络运维系统和网络安全防护设施，保障教育教学评价数据的安全性，利用数据的精细化管理，做到终端运维、预判预警、智慧联动，实现教育精准服务。

（二）教学反思

1. 教学反思的内涵

教学反思可以看作对教学活动的反思。心理学家埃里克森对教学反思提出了三方面的见解：①通过教学反思可以全面地分析教学活动过程，是一种技术；②通过教学反思可以充分关注教学行为带来影响，是一种深刻思考；③通过教学反思可以深刻理解教学环境与教学文化，是一种对经验的重新构建。

教学反思是"教"与"学"的融合，我国学者申继亮在《教学反思与行动研究：教育发展之路》中指出教学反思需要在一定反思倾向的支持下进行，是一种通过积极、持续、周密、深入、自我调节性的思考来发现问题并解决教学问题的过程。熊川武提倡反思性教学对教师进步的重要价值，他认为教学反思是教师为了解决自身和教学问题，实现教学目的，借助行动研究不断改进与探索的过程。

大部分研究者对教学反思的界定均是一种对教学的理性认知过程，但是对于教学反思究竟是客观、理性的过程还是与关怀、情感相关的过程，存在争议。学者弗雷德强调反思也要考虑情绪体验、情感状态等非理性的成分。

在教学反思水平的划分上，学者赵明仁依据格里菲斯和坦恩的研究，在时间维度上对教学反思进行了分类：一是教学中反思，如教学过程中根据实际情况改变教学策略、进度等；二是教学后反思，如在教学结束后对一节课进行回顾，反思教学效果，积累经验，进而计划未来的教学活动。赵明仁又将教学后反思分为"回顾""研究""再理论化"三类。

总之，与教师在教学活动中内隐的反思相比，教学后反思更具有外显性、可观察性、可测量性与可操作性。故研究关注的是教师的教学后反思，即针对已结束的一节课的反思，以教学设计中最后的教学反思模块为研究主体，选取教师的"回顾"维度，得出关于教学反思的概念界定。教学反思是教师积极主动地对已结束的教学活动进行评价、回顾并产生新理解的认知过程，是对教学经验的重新构建。

在高中英语课堂教学中，教学效果良好通常表现为：师生之间的互动沟通与交流顺畅，在课堂的教学中可以使学生充分了解到典型的错误点，并在学习中加以规避；学生在课堂的教学活动中参与程度高，能充分掌握课堂的教学内容，且学生具备创新与探究的能动性。在不能实现既定目标的情况下，教师反思教学效果，找出相关影响因素，诸如学生因素、教学方法、活动开展等，以更好地改进。反思教学效果是英语教学的关键，这就需教师加以重视。在每节课教学后，英语教师需要指导学生进行小组总结，实施检测，对学生的课堂表现进行中肯点评，以实现学习内容的扩展。英语教师对于相关内容都需加以反思，将其成功的收获进行记录，对优秀的小组进行表扬，对不够优秀的小组给予鼓励与帮助，以促使学生在课堂探讨中不断调整相关学习方法。英语教授应立足于数字化课堂，构建出有效的教学策略。首先，熟读课文，积累与梳理常用且较为重要的短语、词汇与句子；其次，续写或者缩写课文内容，以促使学生的语言表达能力以及思维能力得到有效提高；最后，将课文设计为七选五、完形填空、语法填空题、改错题等，设计的题型需包含高考常考知识点，并对该类题型在高考当中的出题形式、地位与分值等进行分析。英语教师可挑选改编好的英语题让学生做，让学生充分明白出题人进行考题设计的心理，以给予学生相应的启发。

2.教学反思的理论基础

（1）反思性教学理论

反思性教学起源于 20 世纪 80 年代中期，被认为是教师进行教学改革的重要方式之一。杜威认为，反思性教学是教师对教育理念和实践活动的重新思考。维拉认为，反思性教学是教师以教学实践活动为反思对象，对教学过程中的方法、理念等进行不断的反思与思考，总结教学的成功与不足，及时改善不足以有效提升教学质量。总之，教师应该坚持开展反思性教学，积极养成良好的反思习惯，不断地更新知识和教学理念，以提高自身的教学实践能力，促进自身的专业发展。

（2）批判理论

教师进行教学反思就是教师以批判性思维对自己的教学实践活动进行回顾和思考的过程。批判理论由法兰克福学派所创立。其代表人物哈贝马斯主张，教师应该以批判性反思的思维来看待教学实践活动，充分发挥个人的主动性和积极性，强调自我反思、批判性的重要性。批判理论指导教师进行教学反思可以从这两个方面入手：第一，在实际的教学过程中，教师发现自己已有的实践经验、理论知识不适用于教学时进行教学反思，重构认知结构，调整教学活动，这就是一种批判的过程；第二，教师可以观摩其他教师的课堂进行对比性的教学反思，实现批判性的学习。

对教师而言，教师的专业成长离不开教学反思，而批判性的思维对于开展教学反思具有十分重要的意义。因此，教师需要具备一定的批判性思维，对教学经验进行不断的分析和深入的思考，帮助教师发现更多的问题和更深层次的原因，以达到有效地解决问题的目的。批判理论为教师进行教学反思提供了坚实的理论基础，也为教学反思的其他相关研究提供了有力的支撑。

（3）终身学习理论

终身学习理论认为，在充满挑战的社会中，如果仅满足于现有的知识是不能够迎接挑战的。因此，我们需要发挥个体的主体性，不断学习，不断发展，让学习贯穿人的一生。教师只有通过不断的学习才能增长专业知识，完成"传道、授业、解惑"的基本任务和"立德树人"的根本任务，实现自身的专业化发展。教学反思的一大特点就是教师要不断反思自身在专业知识素养、教学实践能力等方面的不足，帮助教师不断完善自身，迎接教学过程中不同的挑战，进而提升教学质量，实现教师的持续发展。所以说，终身学习理论为教师教学反思提供了教学心理学理论支持。

在终身学习理论指导下，教育方式、学习方式正经历着一次深刻的变革，"学会学习"成了教育的重要支柱之一。终身学习应该是教师的生存发展权利，要使教师学习实现从"福利"到"权利"的转变。终身学习的价值体现可从以下维度分析：①认识价值，终身学习可以促进学习理论的质变和学习观念的更新；②实践价值，终身学习可以推动现有教育和学习体系的变革；③社会价值，终身学习能推动社会整体发展和可持续发展；④个体价值，终身学习能够提高个体生活质量，促进人的全面发展。终身学习理论能有效促进个体、社会、教育三个维度的教育目标实现。

（4）元认知理论

20世纪70年代，心理学家弗拉维尔提出了"元认知"的概念。他认为，元认知是认知主体对自己认知过程的计划、调节和监控。在教学反思的过程中，教师使用元认知的监控策略，以自己的认知活动为认知对象进行监控，有助于教师及时发现教学问题并对教学活动做出相应的调整。教师进行教学反思，主要指的是教师对教学反思的反思，这相当于是主体以已有的认知为对象进行认知的过程，即元认知。所以，教师要通过不断地反思，提高自己的元认知水平，以更有效地监控教学行为及教学中出现的问题，并及时做出调整。由此可见，元认知理论是教师开展教学反思的理论基础。

3. 教学反思的重要性

古人言："思之不缜，行而失当。"故曰，反思乃个体成熟之标志，群体亦然。从古至今，"反思"对人类发展而言至关重要，尤其在教育行业，教师对自己的教学行为、教学内容、教学方式进行回顾与分析，结合学生的学习反馈、情绪反馈、状态反馈等方面，诊断自己的教学问题，并在问题的基础上实现对未来教学的优化，不仅能够有效地提高教师的教学质量，还能够强化自身的教学专业能力。

美国心理学家曾提出一个教师成长的简要公式：经验＋反思＝成长。教师在不断积累教学经验的过程中，对自我进行反思与警醒，能够使自身时刻保持对英语学科的"新鲜感"，使自身能够始终接受更为新颖、先进的英语教学理念，从而指导自身开展有效的教学活动，让学生在学习中感受到英语学科的魅力，同时提高学生的英语综合素养。此外，英语教师始终保持教学反思的习惯，还能够帮助自身养成批判性的思维习惯，从而向研究型和创造型教师的角色发展。

第二章　高中英语教学理论基础

教学理论是在某种意义上的约定俗成的通例，是最有效地获得知识与技能的方法规则。英语教学的发展离不开英语教学理论的研究。本章分为言语行为理论、人本主义理论、建构主义理论、多元智能理论四部分。

第一节　言语行为理论

一、言语行为理论的形成和发展

言语行为理论首先由奥斯汀提出，后经由其学生舍尔的进一步发展完善，现已成为语言学的核心理论之一。言语行为理论主张说话就是做事，是在进行言语行为。语言学的研究对象不应局限于词和句子，还应包括通过词和句子的表述而完成的言语行为。

（一）奥斯汀的言语行为理论

奥斯汀在《如何以言行事》一书中提出了言语行为理论的雏形。贯穿全书的思想是说即做或言即行。简而言之，就是人们说话不仅是为了说话，还可以在说某句话的同时完成某一行为。言语行为理论以人类语言交际的基本目的为出发点，而不是以理解词和句子或其他语言形式为出发点，而且应该理解为人们用词或句子完成某种行为。奥斯汀认为传统语法分类不能覆盖所有语言现象，因为每一类型的句子在不同的语境下都有其不同的功能。即便奥斯汀并没有提供系统和完善的研究，但他提出了"言语行为"理论的雏形，此思想为后人的研究提供了重要的研究思路和依据。首先他对言语行为进行了二分说的划分，即陈事话语与行事话语。陈事话语是指陈述事实，用来断言或描述情况和报道事态等，它有真假之分。行事话语是指说出所做时就是完成了这个行为，它不属于区分真与假而属于区分恰当与不恰当。例如说"我错了"，按照奥斯汀的理论不应该把"我错了"

28

理解为是对命题的陈述，而应该理解为完成了道歉这一行为。此类言语行为在完成话语表达的同时实施了某种行为，他认为这类的行事话语属于施为句。

此后奥斯汀继续对言语行为理论进行研究，发现陈述句和施为句都有真假之分和恰当与不恰当的问题。以此来看施为句和陈述句并没有明显的区分和清晰的界限。因此，他放弃了自己提出的言语行为二分说，从而提出了言语行为三分说的新思想。他根据言语的交际目的分为"以言表意行为""以言施事行为"和"以言取效行为"。之所以被称为行为是因为它们都是通过文字行动的，伴随着说出的话语的同时产生了行为。例如"图书馆要关门了"，从语法来看，此话是符合语法的，这是以言表意行为。但实际上说出此话是向听话者传达即将要关门的信息，这是以言施事行为。在听到此话后听话者陆续走出图书馆，这是以言取效行为。以上三种言语行为分别体现了说话者的目的或企图以及最后的结果。奥斯汀认为由言语行为产生的言外之力也是言语意义的构成部分，因此研究言外之力时不可以简单地把它归为真理或者谬误，应该继续细分为以下五个类型。

裁决型，指阐明某些可以被经验或实践验证的事务。

行使型，指行使一些权利或实施影响等。

承诺型，指说话者对未来行为承担的义务或许诺。

行为型，指体现说话者所采取的不同态度。

阐述型，指在谈话双方交流的过程中话语起到的作用。

（二）舍尔的言语行为理论

奥斯汀的学生舍尔致力于发展该理论以使其更加系统化，他在奥斯汀提出的理论的基础上进行了修正和更改，对言语行为的划分提出了新标准。舍尔认为说话者在说出任何话语时都包含以下内容：

①发语行为：被认为是发音行为。

②命题行为：是指说出一个语句时指称或提及某个对象并对其进行描述等行为。

③实施行为：是指说话者谈论一个命题时具有某种话语力。舍尔认为话语实施行为才是完全的言语行为，他认为话语实施行为由命题内容和话语实施行为力两部分组成。

④取效行为：是在舍尔延续奥斯汀的以言取效行为的基础上产生的，即通过说出某些话语而产生某种效果的言语行为。

此外，舍尔对言语施事行为进行了重新分类：

断言类：是指说话者对某事持有一定的主观态度并对谈论的命题内容持有主观的判断和态度。如声称、陈述、声明、断定、否定和澄清等。

指令类：是指说话者命令或指使听话者干某事，谈话的命题内容总是趋向于让听话者按说话者的意思行事。如要求、指示、建议、祈求、邀请等。

表达类：是指说话者在说出命题内容的同时表达了自己的心理想法。如道歉、吹嘘、慰问、感谢、欢迎、祝贺和哀悼等。

宣告类：是指说话者说出的命题内容是真实有效的，是与客观事实相吻合的。如任命、指定、宣布等。

承诺类：是指说话者对将要发生的或未来会发生的命题内容做承诺的行为。如承诺、拒绝、威胁、保证和发誓等。

舍尔的言语行为分类虽然是概括性的，但具有一定的科学性。虽然没有探讨所有言语行为种类，但却是目前为止大家所认同的分类。

（三）言语行为理论的后续发展

言语行为理论经过奥斯汀和舍尔的提出并完善后，引起了语言学界的普遍重视。在奥斯汀和舍尔之后，国内外也有很多学者投入言语行为理论的本体研究与应用研究中去，为言语行为理论的后续发展提供了许多新方向。

到了 20 世纪 70 年代，语言研究的关注点逐渐与"语用"结合。语言学家罗丝发现，语言中"简单陈述句和显性施为句"的句法特征相同。所以他将句子的语义与语用联系起来，研究言语行为产生时句式本身的结构和语法是怎样发挥作用的。到了 20 世纪 80 年代，澳大利亚语言学家威尔兹彼卡将研究重点放到"施为动词"上，从语义场中分析语言行为模式，关注语言中动词的作用。20 世纪90 年代至今，言语行为的研究转向"语势、语言实际意图、语言目的、语言案例"等具体内容上，关于言语行为的研究更加细化，分类也更加准确。与此同时，"语言背景、个体差异"等因素也逐渐受到关注，对言语行为理论的研究越来越系统化与科学化。

二、言语行为理论的主要观点

言语行为理论把言语的本质看作人类的行为，也就是将语言看作人类行为的一部分，揭示人类社会日常言语行为及其背后的人际关系。其核心是"以言行事"，即"言"则"行"的语言观，旨在回答说与做的关系、如何发挥言语的行事功能。因此，在言语交际过程中，不仅要考察话语的真假，更重要的是考察其是否恰当。以下对言语行为理论的基本观点进行阐述。

（一）言语行为"三分说"

言语行为理论主张言要有所为，要完成一定的行为，如陈述、请求、命令、提问、道歉等。奥斯汀对人类活动的整体言语行为进行解构，将其分为 locutionary act、illocutionary act 和 perlocutionary act 三类行为。通过梳理文献，笔者总结出国内学者常用的四种译文：一是话语行为、施事行为和取效行为，二是言内行为、言外行为和言后行为，三是叙事行为、施事行为和成事行为，四是言有所述、言有所为和言有所获。

话语行为是指说话本身，即发出声音，说出符合语法规则的、有意义的句子等。实施这个行为并不能构成言语交际，但在实施这个行为的同时，通常伴随着另外两个行为的实施。施事行为是指特定语境中有意义话语的一种语力，即在表达语意或说出某句有意义的话语时，完成了某件事情或达到某种交际意图的言语行为力量。取效行为是指由说话带来的某种效果的行为，包括影响他人的情感、思想和行动。说话者不仅需要结合语境，恰当表达出自己的观点，还需要受话者接受，才有可能产生取效行为。当受话者没有领会说话者的意图，或领会了但不按说话人的期望去行事的时候，取效行为就没有发生，即交际失败。因此，取效行为关乎交际双方各自的内部因素，具有较大的不确定性。言语行为理论的"三分说"实质上是对一次说话过程的动态反映，是完成一次完整说话过程的三个连贯环节。话语行为是说话所表达的字面意思，为说话过程的基础环节。施事行为实质上是以言行事，通过表达语意呈现交际意图。取效行为则是说话人的意图被听话人领会所带来的后果或变化。言语行为理论家对人类言语行为的研究主要是对施事行为的研究，奥斯汀以行为意图为依据，率先将施事行为具体细分为裁决型、行使型、承诺型、行为型和阐述型五类。舍尔总结了影响人类行为的因素，制定了施事行为的分类标准，对奥斯汀的分类做了更为科学的修正，将施事行为分为断言型、指令型、表达型、宣告型和承诺型。学者莱昂斯、列文森等人从言语行为表现形式出发，将施事行为分为直接言语行为和间接言语行为。

（二）言语行为的语用规则

舍尔认为人类言语行为作为社会活动的一种形式，语言的使用必然受特定规则的制约，主要是调节性规则和构成性规则两类。其一，调节性规则是为取得最大的活动成效，对已有的行为活动进行调节的规则，它独立于行为活动之外，处理的是"好不好"的问题。就如调节车辆运行的交通规则，没有交通规则，车辆依旧可以运行，但存在较大的安全隐患。其二，构成性规则是对人类行为活动的规定与界定，它处理的是"是不是"的问题。倘若某种行为活动违反了构成性规则，那么这种行为活动便不存在或不是原有的行为活动。如下象棋要遵循其特定的规则，违法了规则就不是下象棋这一活动。不难发现，构成性规则主要是对某种言语行为的规定或创造，集中体现在对施事行为的监控和规范；调节性规则是为使取效行为取得最大成效，对该行为进行策略性的调节。

（三）意义与语境

人类的言语交际活动总是以特定的时间、特定的条件和特定的场合为背景。言语行为理论家主张，对意义和语境的理解需要综合考虑交际活动中语言外的背景因素，这些因素构成了语境，同时也影响着交际者对话语形式的抉择，以及对话语合理性和话语意义的分析。基于语言运用的本质，交际话语的意义可分为自然意义和非自然意义。自然意义是指句子本身的意义，不涉及说话人的意图；非自然意义主要指说话人的观点和意图。在言语交往中，话语意义由语境决定，不同的语境话语意义不尽相同。因此，对意义的探讨主要有两个层次：一是独立于语境之外，语言符号所指向的意义，这主要是语义学研究的范畴；二是由语境决定的话语意义，这是言语行为理论研究的侧重点。

莱昂斯认为说话者正确判断话语合理性所具备的知识是交际语境的重要构成。学者将构成语境的知识分为语言内知识和语言外知识。首先，语言内知识是指语言本身。交际双方要具有共同的语言基础，包括共同的语言、共同的话语体系等。即所说的话语双方听得懂、能理解，这是言语交际活动开展的前提。其次，构成语境的语言外知识主要有背景知识、情境知识和交际双方相互了解的知识。背景知识是人们对事物的一般认知，受个体的成长环境、社会文化背景、地方习俗等因素的影响。情境知识指交际活动的时间、地点、活动主题内容、交际场合、人物关系等与交际情境有关的知识。交际双方相互了解的知识具有两个层面的含义：一是双方对特定事物具有一定认识，二是双方都要知道彼此都具备这样的知识。即我们通常所说的共同话题，这是推进交际活动的关键。言语交际活动是一个动态的发展过程，语境并非一成不变，它是在活动过程中进一步建构的。因此，构成语境的知识也会随着交际过程的发展不断丰富。理解语境的动态发展，不仅对话语的理解有重要的意义，而且交际主体还能通过辨别语境，进而对它进行利用、改变和创造，使之与交际目的或意图相符。

三、言语行为理论的基本原则

人类的言语行为是一项相当复杂的社会实践活动，在言语交际活动中，需要遵循一定的言语交际原则，以促进交际的有效进行，达到以言行事且言有所获的目的。言语行为理论指出，成功以言行事必须满足三个恰当条件：一是说话者必须具备实施某一行为的条件；二是说话者对要实施的行为必须有诚意；三是说话人对自己所说的话不能反悔。言语行为的基本原则主要有以下四个。

（一）质真原则

质真原则是关乎语言"质"的把控，这是言语行为最根本的准则，体现言语的真诚度和可信度。说话态度诚恳是真实立言之基础，一个人说话是否真诚，在交谈现场即可得到检验，说话的态度在一定程度上决定了说出真实内容的可能性。这是一条诚信准则，是立言之需，也是做人之本。

（二）适量原则

适量原则是关于言语"量"的把控。交际中所说的话语要为对方提供适量的信息，不宜过量也不能欠量，过量会导致冗余，欠量影响表达的清晰度，均不利于有效交际。语言经济学认为，语言的投入和所需表达的意思之间有一个恰当的"量价"，一个人对要表达的意思所投入的语言成本（量）不应过于偏离社会平均标准。因而，晦涩的言语和有歧义的话语会带来理解上的困扰，降低言语交际的效率，这是要避免的。

（三）礼貌原则

礼貌原则要求以礼貌地表达来维系友好关系，包括说话得体，尽量增加有益于他人的观点；尽量增加对他人的赞誉、懂得谦虚等。礼貌的言谈是建构和谐人际关系的重要基石，为言语交际的顺利进行提供保证。同时，集中体现了交际主体自身的素养以及待人处事的态度。

（四）变通原则

变通原则要求根据交际语境适当调整交际策略。在特殊的场合或语境中，言语行为不必拘泥于以上说的原则，可依据实际变通。善意的谎言是"质真"的变通；在语境支持下刻意违量，反而能达到出奇制胜的效果；而"亲而无礼""敬而远之"是礼貌原则的变通。

四、言语行为理论与英语教学

（一）言语行为理论与英语口语教学

口语教学是英语教学中的一个重要方面。在高中教学中，教师通常较为重视单词和语法知识的讲解，但往往忽视了对学生交际能力的培养。随着经济和社会的发展，这种只重视单词和语法知识教学的弊端日益明显，学生学到的应试英语难以满足社会对英语人才的要求。从言语行为理论角度进行分析，学生只掌握较多的单词和语法知识是远远不够的，只掌握较多的单词和语法知识，他们仍无法通过口语与人进行交流，即其言内行为很难实现；即使能实现其言内行为，但他们所要表达的意思也很难被表达得十分明白，从而就会导致他们的言外行为及言后行为均难以实现。言语行为理论对于英语口语教学有重要指导作用，将这一理论引入英语口语教学中，有助于学生交际能力的提高，也有助于学生掌握目的语国家的文化。

（二）言语行为理论与翻译教学

目前有很多英语教学法，语法翻译法是其中一种，是目前我国英语教师采用的一种主要的教学方法。施行这种教学法，教师在讲解课文时会领着学生做翻译单词、翻译课文等练习。翻译是不同国家、不同语言间进行交流的途径，所以在翻译过程中需要注意的一点就是，必须使译文符合原文所要表达的意思。要做到这一点，译者就要真正了解原作者的言外之意。言语行为理论在英语翻译教学中起着重要的作用。在人们的言语行为中，说话者的本来意图和译者对之的理解是翻译能力的核心，所以对言外之意的翻译是翻译时必须重视的一个方面。

（三）言语行为理论与语法教学

语法教学也是英语教学中的一个重要方面。对于语法，很多学生都认为英语语法很难学，学不会。之所以会如此，主要是因为在语法教学中，教师往往只是向学生列出某种语法的定义用法句型或其特殊用法，然后便要求学生死记硬背。其实，对于一些语法，若运用言语行为理论，就可以对之做出较为合理的解释。

第二节　人本主义理论

一、人本主义理论体系

（一）人本主义理论

人本主义心理学在 20 世纪五六十年代兴起于美国，诞生在倡导教育改革运动的思潮中，被称为西方心理学第三势力，对美国传统教育造成了巨大的冲击。人本主义理论的主要代表人物是马斯洛和罗杰斯，他们认为，人非社会实体而属于自然实体。自然人性等同于人的本性，人性源自自然。在心理学的研究中，首先，人本主义主张探索真正属于人性各范畴的复杂经验与矛盾，把人的心理研究转向对人的本性、潜能、价值、创造与自我实现的研究。其次，人本主义认为人可以依据自己的意愿证明自身存在的价值，凭借个体的主观能动性与自由选择能力来获得无限的自我潜能，建构与之相匹配的自我实现的人生。最后，人本主义认为对人的探究不同于对动物的探究。

（二）人本主义教学理论

人本主义教学理论思想源于人本主义心理学，兴起于 20 世纪五六十年代，对世界产生了巨大的影响。不同于其他派别，人本主义心理学尤其强调人的价值，注重人的自我实现。其代表人物罗杰斯不仅论述了人本主义理论的心理学渊源，也介绍了人本主义教学理论的主要观点和实践方式。他认为在教学过程中，要注意激发学生的潜能，培养学生自主学习的能力，促进学生的个性发展。

人本主义教学理论以实现"完整的人"为教育目标，因此其强调在教学中坚持学生的主体地位，选择合适的教学方法，重视学生的内在需求，促进学生的全方面发展。在教学过程中，要注意对学生实施有意义的教学，即所学知识要与学生本身有关，只有这样才会产生有意义的学习。同时，人本主义教学理论倡导一种融洽的师生关系，消除学生的压力感，让学生愉快地学习，在舒适的环境下充分发挥其创造力。此外，人本主义教学理论十分重视教学评价的作用，认为在学生的成长发展过程中，学生并不需要与其他人进行比较，而是应该与过去的自己进行比较，来验证自己是否取得了一些进步。

对于学生而言，他们的个人天赋、社会经历和学习环境等有所不同，这会导致他们之间存在较大差异，所以不同学生的学习需求也是分层次的。如若教师在授课过程中以统一的标准要求所有学生，必然会导致一些学生"吃太多"，而一些学生"吃不饱"。为此，教师应在充分尊重学生差异的基础上，分别为不同水平的学生找到适合他们价值实现的途径，让不同学生都能在其现有层次基础上得到满足，从而追求更高层次。

（三）人本主义学习理论

20世纪中期，人本主义学习理论在美国崛起，它在人的整体性研究的基础上，强调人要有尊严、有价值，主张要研究有利于社会和人类发展进步的问题。

首先，人本主义学习理论提出了自我实现人格论，认为人之所以能够成长是因为人有自我实现的需要，即充分利用自身能力向上发展的需要。这种需要能充分挖掘人的潜能，从而驱动人格的形成与发展。其次，人本主义学习理论认为设置教学目标时要做到知情统一。传统的教育教学理论认为教学是一种单纯的认知活动，不需要情绪情感的参与，它们只会起到干扰作用，忽视了对学生情感、态度及价值观的培养。而人本主义教育者持有相反观点，他们认为教育的最终目的是要培养知、情、意、行各方面协调发展并且人格健全的人，这个过程需要认知和情感的共同参与。再次，人本主义学习理论推崇有意义的学习。在罗杰斯看来，根据学习方式的不同，学习可分成有意义学习和无意义学习两种。其中，有意义学习是一种在个人的个性、态度、行为及未来行为原则选择方面产生重要影响的学习，学生的自发性和主动性是它的动力，使学生主动吸收自己觉得有兴趣和需要的知识，真正满足其需要。最后，人本主义学习理论的教学观念是以学生为本，认为学生缺少的不是潜力，每个学生都有极好的先天条件，他们真正缺少的是恰当的环境来激发潜能，完成学习。提供适当的环境，激发学生的潜能，成为学生学习的促进者，这才是教师需要做的。

二、人本主义理论与英语教学

在英语教学中，教师应该避免只是注重知识传授的倾向，而要更加重视对学生进行学习策略的教授、对学习习惯与学习能力的培养以及对学习技巧的训练，帮助学生选择适合他们自己的学习方法。

根据人本主义理论的观点，应照顾不同学习能力的学生，设定符合他们自身水平的学习目标，让学生的整体能力越来越强、纵向差距越来越小；从"一刀切"

转变为"对症下药"，从只"关注少数尖子生"转变为"面向全体学生"，从"孤立地学习语篇知识"转变为"注重其与生活的关联性与迁移价值，树立正确的三观"；"以生为本"，让兴趣成为最好的老师，让英语学习成为生活中不可或缺的一部分，培养"终身学习"的能力；同时在学习中积极思考，发展辩证思维、批判思维能力，使学生有更开阔的眼界与宽广的格局。以上均体现了充分考虑人的个体差异性、充分相信学生潜能的发展、顺应学生的发展规律，坚持正面引导教育、相信通过应用研究的实践能够促进学生主动学习，在循序渐进的过程中实现自己的愿望的人本主义观点。

综上所述，人本主义学习理论的基本观点是认为学习的实质是形成和获得经验，强调"以学生为中心"，进行积极而有意义的学习，教师应该是学生学习的促进者，教育的目标应该是促进变化和学习，培养能够适应变化和知道如何学习的人。它的主要贡献在于推动了我国一些教育教学问题的解决，并且把尊重人、理解人、相信人提到了教育的首位。人本主义学习理论指导下的英语教学，重视对学生内心世界的认识和了解，重视对学生自我发展潜能的挖掘。

第三节　建构主义理论

建构主义通常被认为是学习理论中的一种观点，该观点认为，人由于与生俱来的能力与他／她的经验相互作用而积极地建构自己的思维方式。从建构主义者这一视角而言，学习并非刺激反应，必须通过自我接受、消化与吸收，并构建概念结构。在建构主义者看来，知识的构想和获取方式，所强调的知识、技能和活动的类型，学生和教师的作用以及目标的建立方式，所有这些因素的表达方式都不尽相同。

一、建构主义理论释义

建构主义所持的观点是知识总是内在于主体的，也就是说同样的知识对于不同的学生来说会存在不同的理解和把握，学生不是空着脑袋走进教室的，在此之前，学生有着自己的经验，而对于特定知识的认识也是在此基础上建构起来的。建构主义并不认为错误会造成负强化，并不回避和害怕犯错，反而重视错误在学习过程中的作用。建构主义重视教学过程中的评价，但是认为评价应该是整合在教学过程之中的，学生应该在持续的评价之中进步，而不是与教学相分离，被安排于教学之前或之后都是不合适的。建构主义学习理论重视协商和对话的作用，认为学习的过程就是协商对话的过程，并且强调在教学的过程中不仅要考虑认知的发展和知识技能的获取，同时要关注到学生的情感体验。情感不仅影响学生对于认识对象的选择、过程中的侧重点以及知识掌握的速度等，更重要的是会影响学生能动性和创造性的发挥。教师应该正确认识自己的职业角色，做学生学习的促进者、灵活的组织者和终身学习者。教师不但要认识到自己的教学观念，同时要认识到自己在课堂中的中介作用，认识到自身的言行对于学生的知情意行产生怎样的影响。

语言的发展与思维的发展有着密切的关系，所以教学过程中语言的习得依靠的不是知识的累加，更重要的是让语言和思维的发展相互促进。语言的输入对于语言习得的作用是不言而喻的，大量的研究也表明教师的反馈会影响学生的语言输入。所以教师在教学过程中对于学生回答所做出的反馈应该是科学有效的，而不是随意的甚至是无效的，并且要考虑到每个学生都是独立的个体，在反馈的时候要考虑到学生之间的个体差异性。

教师在课堂教学的过程中首先要营造安全的心理环境，激发学生勇于尝试，让学生不害怕犯错，这样才能对学生知识的掌握有更全面深入的了解，让学生认识到学习的过程是可以出现错误的，对于错误的反思是有效学习的重要途径；同时也应该对学生的错误进行分析，找出错误背后深层次的原因，只有这样才能对学生的错误回答做出有效的反馈。教师要重视在教学过程中对于学生的评价，并且评价更多应该指向学生的元认知，让学生进行自我认识、自我反省、自我分析，在进行外部反馈的同时也应该传授一些自我评价的方法和策略，使得学生能够提升自我监控的能力，能够掌控自我的学习，从而实现自主学习。教师在开展教学活动的过程中要促进学生之间的相互对话并且与学生对话，但是对话从传递者发出到接收者接收并不是一个等值的、复制的过程，对话过程中要考虑学生的发展阶段和学生之间的个体差异，因此课堂问答过程中教师反馈的有效性就显得十分重要了。

二、建构主义理论的基本观点

建构主义理论作为西方心理学领域的一个理论，其思想对教育领域产生了广泛而深刻的影响。建构主义教育理论经过不断探索与建构，逐渐形成比较完整的理论体系。其基本观点主要包括：第一，建构主义认识论；第二，建构主义知识观；第三，建构主义学习观；第四，建构主义教学观。

（一）建构主义认识论

建构主义认识论是建构主义教育理论的基础组成部分。建构主义认识论不同于其他流派的认识论，建构主义者认为认识是主体对客观世界持续不断地建构的过程，是个体基于原有的经验知识主动地、积极地认识世界的过程。皮亚杰认为："认识的产生是主客体之间的相互作用的过程，而不是主体对客体模仿的过程，在这个过程中个体是主动作用于客体的。"因此，在建构主义者看来，认识对世界的作用不是简单的、机械的反映，而是以客观事实为对象，主体对客体的主观能动地建构。认识不具有绝对性，会随着个体经验的丰富而变化。

在认识的方式上，个人建构主义认为认识是个体不断地建构内部心理结构的过程，其强调认识的个体性、内部的建构性。而社会建构主义强调认识的社会建构性，认为认识的方式是由外向内的建构过程，即个体将社会历史文化结构内化为个体的心理认知结构的过程。

在认识的影响因素上，个体的主体性影响认识的建构过程；个体的原有认知图式影响认识建构的发生；个体的社会文化活动影响认识建构的丰富性和全面性，个体通过社会活动与其他成员进行协商、对话、合作，不断地补充或纠正个人的认识，从而形成关于某一事物较为全面的认知。总之，建构主义认识论是学习其他理论的基础。

（二）建构主义知识观

在建构主义教育理论形成过程中，建构主义者在建构主义认识论的基础上提出知识论点，为指导教育教学奠定基础。

建构主义知识观不认同知识是绝对客观的，是对世界本质的准确反映。相反，它主张知识是主体基于原有的经验对客观世界的"一种解释""一种理解"，知识具有相对性、主观性。因每个人原有的认知经验不同，其对于同一事物的理解也是不同的。随着社会发展和人类科学技术的进步、社会环境的不同，"新知识观"必将代替"原有知识观"。

另外，建构主义知识观主张知识具有情境性、具体性，认为没有适合所有情境的万能知识，也没有脱离具体情境的抽象知识，知识只有在具体的情境下才具有意义，在具体情境下，个体对知识持续不断地建构，对某一事物的理解不断地深入。学者于兰曾提出："先前经验、认知结构和真实学习情境彼此相互作用导致知识的产生。"学者陈琦、张建伟认为知识的形成过程具有动态性与主体性。

总之，建构主义知识观强调知识的主体建构性，认为知识因人而异，不具有普遍的适用性，它不能直接指导具体问题的解决，而是在具体的情境中个体灵活地建构起有关该问题的指导图式，促进对知识的建构。同时，知识的意义也不是现成的，是学生基于自身经验的主体理解。

（三）建构主义学习观

建构主义学习观作为建构主义教育理论基本观点之一，它是该理论体系的重要部分，因为教育的根本目标在于多大程度地影响学习的发生。教育者对建构主义学习理论的探索较其他部分要深刻与系统。如学者维克特罗所言，"建构性学习过程是学生建构知识的主体理解过程，即学习是一个'生成性过程'，而不是被动地输入信息的过程"。这强调了学习过程的主体性。于兰认为，"学生的大脑中存在很多因人而异的'前概念'，学生学习新知识的过程是以'前概念'为基础而进行的主体意义建构的过程"。该表述充分强调了社会经验的重要作用。社会思想家托夫勒曾指出"未来不会学习的人才是真正的文盲"。他的观点中隐含了对学习建构过程的强调。刘儒德教授认为，"建构主义学习过程是主动地建构经验、观点、猜想的过程"。笔者强调学生学习的主观能动性。张建伟、陈琦认为，"学习是个体主动完善内部心理结构的过程"。这强调了学习过程的内在建构性与主体性，揭露了学习过程的本质。

综合以上观点，建构主义学习过程应具有主动性、经验性与建构性，应强调学生"我要学"的主人翁意识。建构主义学习观指，个体基于原有的知识背景，通过对外部信息的感知、选择、作用、反思，使内部的认知结构不断调整、重组，从而指导实践活动的过程。具体包括以下几个方面。

1. 建构主义学习观

建构主义教育理论主张，学生获得知识的途径是多样的，其在日常生活中已形成了完善的知识体系，课堂学习就是基于此进行的主体建构过程。建构主义者认为学生在学习过程中扮演着建构者、学习者、合作者等角色，这与传统的学习观有着本质的区别。建构主义学生观更强调学生的独立自主性，认为学生在学习的过程中是本着自主、自愿的原则完成主体的意义建构的。这样的角色定位易于培养学生的创造性思维与学习兴趣、提升学生的学习能力，从而实现学生的可持续发展。

2. 建构主义学习特征

建构主义理论认为，学习是在社会文化背景下，通过其他人的指导与帮助，也就是通过人际间的相互配合而形成的意义建构过程。该理论主要突出三个方面，分别是学习的社会性、情境性和主体建构性。王保中提出，建构主义对学生学习过程中的主体作用予以关注，然而学习还包括非建构的部分。换言之，建构不是学习的所有，建构应该是了解和掌握过程的一个步骤，本质上，行为主义、认知主义和建构主义充分结合的价值更高，也就是汲取上面三个理论的有效部分。教师应该在这个过程中扮演辅助角色或者是指导角色，而不是一味地向学生传授知识。李子建提出，建构主义学习观认为学习是学生在一定的情境中积极地发挥主体作用，建构意义、吸收知识的过程。

其实，认知主义已经涉及主体认知结构在认识过程中的作用与价值，例如，奥苏伯尔的"认知同化论"就是从同化的角度出发来阐述和说明学习过程的，其认为应基于过去的知识对新知识进行了解和掌握。但是，大部分认知主义理论学派都只强调知识的结构特征，并没有高度重视具有主观能动性的人的认知结构。建构主义对于这方面和认识对象之间的影响与作用给予了高度重视。也就是说，建构主义学习是个体进行意义建构的过程。

3. 建构主义学习环境

建构主义学习理论重视学习环境的作用，认为它是学生有效建构的保障。主体与学习环境的相互作用，是个体建构的重要基础。何克抗认为，"建构主义学习环境的创设应该有利于学生主体性的发挥、学生知识的意义建构、学习共同体作用的发挥"。因此，学习环境的创设问题关系到学生意义建构的效果，关系到学生主体性的发挥。要创设这样的学习环境，应做到如下几点。

第一，以建构主义学习观为指导，对机械的、枯燥的、乏味的学习环境进行改造，创设问题启发式的、利于探究的学习环境。例如，充分使用多媒体教学工具，重新布置教室桌椅，使其更有利于学生的交流。

第二，注重学习环境中的社会因素。学习共同体及活动的创建，将促进个体对知识较为全面的建构。

第三，注重营造学习气氛。在学习过程中，建构主义者认为平等、和谐的学习气氛将促进学生意义建构的发生。另外，学生在建构主义学习过程中，主要学习活动是高水平的思维活动，而不是简单的背诵过程，学习气氛的营造将有利于激发学生的创造性，最终实现对知识的深度理解。

（四）建构主义教学观

在学者王文静看来，建构主义的形成与发展不是盲目的，而是有计划的。需要有教师的引导，教师在建构主义中的作用是不可忽视、不能替代的，教师会将学生引入教学的情境之中，还为学生提供学习的机会，除此之外，最重要的是教师还会引导学生去学习。而激进派的建构主义教学观则认为，所谓教学就是利用教师对于世界的认识来把这种知识传递给学生的过程。教学活动具有很强的客观性，而且教学获得的结果是可以预期的，所以教学活动应该在尊重客观规律的基础上进行。

1. 教学是一个社会交往过程

传统教学理论其实把教学看成一种固化的模式，认为是学生与教师之间双边的活动。这种看法不够全面，没有注意到在学习的过程中学生与学生之间也会产生社会互动。建构主义则把教学活动看作学生自己主动对知识进行建构的过程，并且在建构主义者看来，这种建构不是单边的，而是多边互动的，是通过学生与他人的相互作用来实现的。所以，对建构主义者而言，教学活动就是一种社会行为，教学的过程其实也是一个社会交往过程。然而，教学的社会交往是一种很特殊的交往，这种交往的目的就是让学生能够全面发展，除此之外，这种交往的特殊性就在于它以课程作为媒介，在一定的教学空间中进行。

2. 教学是一个知识传授和能力发展相结合的过程

在建构主义者看来，要想获得知识，就要在特定的情境与空间之中对某一个问题进行探究，所以，教学活动进行的过程也就是解决问题的过程。然而值得注意的是，一切问题的解决不是一蹴而就的，而是要凭借一定的基础知识。除此之外，建构主义者还提出了关于教学活动的同化与顺应理论，他们在理论中揭示了认识的内容，还强调了方法，主张在教学活动的过程中努力让学生获得理论知识，让学生能够利用学到的理论知识来解决实践中的问题。

3. 教学是一个师生合作的过程

师生双方在一定的环境中就某一个问题展开教学，激励学生主动地去进行探究和尝试，在探究和尝试的过程中尽可能地发掘自己的优点和个性，这样可以使学习事半功倍。具体表现为在学习某一单元时，学生可以从选题开始到最后的成果展示都由自己来决定，而在这个自由的过程中，教师只是起着一个引领者与协助者的作用，而不是替代学生来开展这些活动。这种学习方法与传统的学习形成了鲜明的对比。

4.教学是一个不断生成的过程

"生成"的意思是"变成某物"，它主要是相对于"预成"而言的。生成性思维是一种认为事物及其本质是在其发展过程中生成的思维模式。教学就是依据目标来选择教学内容，最终达到预设的目标。然而建构主义认为教学没有固定的模式，应该根据具体的情况来做出调整和改变以更好地适应现实。甚至还有研究者提出生成性教学是一种教学形态，是教师根据自己对学生的课堂行为表现、感受、兴趣与需要等做出价值判断，对教学行为与思路做出机智性调整，以使教学对话深入持久地进行下去的教学形态。

三、建构主义对高中英语教学的启发

英语教学的目的是提高学生的语言能力和学习知识的技能，建构主义理论强调以学生为中心的学习模式，提倡体现学生的主体地位和教师的主导地位，同时也对英语教师提出了更高的要求，他们不再仅仅是知识的传递者，而是学习的辅导者和合作者。英语教学十分注重实践应用能力，建构主义学习理论为英语教学提供了精神保障。

（一）应体现学生的主体地位，尊重学生的个体差异

传统的英语教学使用的是以教师为中心的教育方式，教师以细致讲解词汇、语法等语言知识为主，对学生进行全方位指导，学生的自主性被忽视。建构主义理论认为，学生是课堂的主体，是知识的组织者，因此，必须实现师生角色的转换，将主体性归还给学生，调动他们的学习主动性和积极性，给他们提供挖掘自身潜力和展示自我的机会。同时，要注重因材施教，有的学生擅长阅读，有的擅长写作，有的擅长听力，学生间存在较大的差异，而作为英语教师，需要的就是充分尊重学生的差异，很好地发挥学生的自主性，从而提高学生的语言运用能力。

（二）增加协作交流与合作学习的机会

传统英语教学大都提倡让学生独立思考来解决问题，以提高独立学习的能力，但是这样会造成学生只是在自己的狭小认知范围内进行创造，这无异于闭门造车，学生的观察能力、语言运用能力和处理问题能力都得不到有效的提升。尤其在以实用性为主的英语教学中，这一做法是非常不可取的。建构主义理论注重师生、生生间的交流合作，因为在交流中能及时发现错误或不足，以及时改正。因此，教师要鼓励学生运用所学语言知识进行交流，组织学生进行有效合作。

（三）注重新旧知识的联系和情境的创设

以往的英语教学大都是在单一的情境模式中进行语言教学，忽视了英语需在相对应的情境中才能发挥最大的教育效果。建构主义理论认为，学习是依赖于一定的学习情境的，因此，创设对应的学习情境非常必要。在真实情境中的学习，不仅有利于学生利用现有经验去学习新知识，而且有利于学生进行深入的研究，提高学生在不同情境中运用语言知识的技能。

综上所述，英语是一门应用性很强的学科，必须不断提高学生的实践能力，这和建构主义理论强调的自主构建知识结构是非常相符的，因此，必须重视该理论在英语教学中的运用。应该尊重学生的主体性，鼓励学生自主进行知识构建和合作学习，这既可以有效提高学生的自主学习能力和构建知识结构的能力，又可以满足时代发展对学生提出的新要求。

第四节　多元智能理论

一、多元智能理论的发展

20 世纪 60 年代，美国教育界掀起了一股反思和改革的浪潮。著名教育心理学家加德纳加入了"零点项目"，"零点项目"是哈佛大学教育研究生院一个从事艺术认知和艺术教育研究的机构。因为"零点项目"重视基础科学和跨学科的研究，再加上加德纳之前学习了认知学和心理学方面的知识，这为之后多元智能理论的提出打下了坚实的理论基础。

20 世纪 70 年代，加德纳开始了对儿童艺术发展认知和脑伤病人认知功能改变的研究，首次提出了"人类智能"的概念。他认为这些智能是人类学习音乐、舞蹈、绘画、诗歌以及其他艺术形式的思维基础。加德纳针对脑伤病人认知功能改变的研究为多元智能理论的提出提供了实验依据。

随后，加德纳作为"零点项目"负责人之一，前往中国、日本、印度等国家，开始"人类潜能"的研究，这是多元智能理论提出的直接诱因。

20 世纪 80 年代，加德纳《智能的结构》一书出版，是多元智能理论正式诞生的标志。此书不仅明确指出了八种不同智能的判断依据，还详细论述了七种智能的存在和各自的特征。书中提到的语言、音乐、数学逻辑、视觉空间、身体动觉、人际、内省七大智能，是多元智能的理论基石。

与传统的智能概念有所不同，多元智能理论认为"智能是一种生理潜能"，多元智能理论重点考察在特定文化环境或社会背景中解决问题的潜能或能力。多元智能理论认为人类与生俱来拥有八项或更多的既彼此独立又相互联系的不同智能，而且受先天遗传因素和后天经历、教育、文化的影响，不同人在解决问题时组合运用不同智能的方式和特点也会有所不同。

二、多元智能理论的基本内容

加德纳指出，传统智力观中的智力指的是人类个体所具备的不同程度上的综合能力，尤其指在学校中表现出众所必须具备的能力。其中，数学逻辑和语言方面的能力是这种传统智力观着重强调的，而在人类个体的生存与发展中，其他的能力也同样重要，这一点却被忽视了。因此，加德纳冲破了传统智力观中单一可量化的智能理念，提出了独特的智能理念，对人类个体进行了准确的描述。他把智能界定为：实际生活中揭示问题的才智、处理新问题的才智、为自身从属文化提供有意义的创造性服务的才智。

多元智能理论相对传统智能观而被提出，这一理论指出人的智能包含以下九种。

（一）语言智能

语言智能指人类个体把握语言的能力，以及对语言运用自如的能力。主要表现为个人可以敏捷准确地应用语言叙述事情、抒发个人情感、与别人沟通。

（二）数学逻辑智能

数学逻辑智能指人类个体应用数学法则进行计算与逻辑推理的能力。主要表现为个人善于用推理的方法去考虑问题，对于事物与事物之间的联系，诸如对比、逻辑、因果等很敏感，善于发现和利用逻辑规律与关系解决问题。

（三）视觉空间智能

视觉空间智能指人类个体能够在大脑中产生外界空间的形式，并且可以控制该形式的能力。主要表现为个体擅长察觉立体空间，对于形状、线条、颜色以及事物间的空间结构关联很敏感，而且可以用平面图或者立体图的形式展现所感知到的内在或外在图像。

（四）身体动觉智能

身体动觉智能指人类个体用身体处理问题、表征想法、创造产品、改变事物的能力。主要表现为可以很好地操控身体，擅长动手动脑，会用肢体语言来表达情感、思想，与人谈话时善用手势等肢体语言强调自己所阐述的意思。舞蹈演员、运动员、外科医生等就是很好的例子。

（五）音乐智能

音乐智能指人类个体察觉、分辨、识记、改变和呈现音乐的能力。主要表现为个人拥有与生俱来的音乐天分，有表演、创作、思考音乐的才能，表现出较好的听力，对音乐的音准和声音变化有较高的敏感度。

（六）人际关系智能

人际关系智能指人类个体会留意他人，并能够与人和谐相处的能力。主要表现为能了解他人，擅长感知到他人的情绪、动机，并给出恰当的回应，善于调节团体中出现的各种问题。

（七）内省智能

内省智能指人类个体对自己有准确的认知的能力，能够察觉自己的情绪和愿望并能对自身状态进行调整。主要表现为个体可以正确地认清自己，善于通过各种反馈渠道来了解自己的优缺点，善于反思自我和规划未来，从而提高对生活的适应能力。

（八）自然智能

自然智能指人类个体认识自然界事物形态和环境的能力。主要表现为擅长对动植物、人工制品等进行辨识与分类，喜欢关于大自然的一切事物，并且具备洞察自然的能力。

（九）存在智能

存在智能指人类个体对生命和宇宙最终状态探寻的能力，是环境中与人类存在有关的能力。主要表现为乐于思索生与死的内涵，比如思考人类产生和生命存在的问题。

三、教学活动中应用多元智能理论应注意的问题

（一）课程设计的系统性

在英语教学中应用多元智能理论是一个系统性的工程，需要长期的拓展维持才能体现出多元化智能理论在英语教学中的价值，可以以学期作为评定的标准，

进行系统性分析。人主要涵盖九项智能，如果在每个教学单元中包含各项智能会有一定的难度，但以学期作为考核标准，则有良好的可行性。而且，由于教师个体多元智能理念有一定的差异，因此教师之间可相互合作，充分发挥个人的优质潜能。

（二）充分发挥语言智能

由于人的智能分为多种，每种智能都具有独特的优点，并在人的智能结构中占有比较重要的地位。英语作为一门语言类学科，应用多元智能理论应以教学目的为基础，以语言智能为核心，加强学生语言智能的训练，培养学生对英语语言的综合应用能力。

（三）适当的应用方案

在对多元智能理论与英语教学实践整合时，可依据学生智能的特点水平及教学内容，制定相应的教学方式。发展多元智能理论应以教学为主线，不能为了发展多元智能理论而忽视教学的开展。

（四）教学评定的多元化形式

对教学效果的评定是教育和教学活动中极为关键的步骤，对于教育和教学活动的开展具有积极的作用，依据多元智能理论，我们应该放弃以考试成绩作为评定学生综合能力的标准的方式。教师应通过多个渠道，采用多种形式，根据不同环境中学生对学习活动的反应全面地对学生的综合能力做出合理评价，让每个学生在评价中都能感知到自我价值的存在，使学生对学习具有积极乐观的态度。

第三章　高中英语课堂教学现状

英语是高中阶段十分重要的学科。在传统教学模式的影响下，高中英语的教学效果一直没有得到有效的提升。新课程改革的实施旨在提升英语教学的质量和效果，提升学生的英语实际应用能力。在新课改视野下，对教师和学生的要求也发生了相应的变化。因而需要对高中英语教学的现状进行详细的分析，发现其中存在的问题，并且采取有效的措施来推动新课改的有序开展，从而提升高中英语的教学质量。本章分为高中英语听力课堂教学现状、高中英语写作课堂教学现状、高中英语阅读课堂教学现状、高中英语口语课堂教学现状、高中英语语法课堂教学现状五部分。

第一节　高中英语听力课堂教学现状

一、学生层面

（一）英语功底薄弱

听力能力可以反映学生的英语综合水平，如词汇量多少、语音语调的标准度、对语法结构的掌握等。许多学生自身存在基础不扎实的问题，例如词汇量少，或是由于单词认读错误导致无法在一瞬间将听到的和所记忆的联系起来，这都造成了他们在听力过程中的理解障碍。

（二）语言输入内容枯燥

由于中西方文化背景有很大的差异，学生在高中英语学习的过程中受到了一定的影响。特别是在高考的背景下，学生对西方文化背景的了解局限于课本，国外文化知识匮乏，在思考问题时免不了用汉语的思维去解答问题。听力材料内容的选择多为应试教育服务，一些教师上听力课时往往照搬照套听力教材上的环节，缺乏合理的调整和设计。听力材料大多机械、枯燥，学生对这些枯燥的听力材料完全提不起兴趣，感到沮丧、挫败、焦虑。这极不利于学生英语听力的学习。

（三）文化背景知识匮乏

影响学生听力水平的另一个因素是西方文化背景知识匮乏。在听到熟悉领域的语料时，如日常对话、校园生活等，学生通常能根据已有的知识较好应对，也能更好地推测生词含义、预测下文。而当语料涉及一些与本国文化背景差异较大的西方文化时，加之语速较快、词汇陌生，学生往往很难反应过来，更无法理解。

（四）语言输入数量有限

就目前的听力教学而言，语言输入通常有两种方法：教师话语和听力材料。教师在教学过程中难以保证全程英文授课，教学手段和方法单一，使得学生在课堂上接触到的语言输入有限。另外，在传统的听力教学中，学生由于受到传统思维应试教育的影响，只是机械性地去听录音，然后找答案，语言输入方式单一，因此，学生能理解并且最终吸收的语料是非常有限的，这种方式其实很难提升学生的语言能力。

（五）听力学习心态不端正

应试不仅是对学生能力的检验，也是对心态的考验。许多研究表明，情感因素会影响学生的学习过程，而焦虑是语言学习中复杂且具有一定影响力的情感因素之一。听力通常是极易失分的部分，也一直被看作最易引起外语学生焦虑的技能之一。学生往往对自身的听力能力缺乏自信，对听力产生紧张甚至恐惧心理，影响听力水平的正常发挥。

（六）语言输入的可理解性不强

中学教师并不太重视听力教学，所以学生升到高中时，自身的理论基础比较弱。一些学生由于英语词汇量掌握严重不足，听音、变音能力较差，这导致学生在听力训练过程中难以将单个单词顺利衔接成完整的句子。由于学生之间存在个体差异性，即每个学生的"i"值并不相同，因此可理解性不强的语言输入不符合"i+1"结构。在这种情形下，不但影响学生的英语听力效果，而且也会大大降低学生学习英语的自信心。

高中英语课堂教学设计与策略研究

（七）学生主观心理因素的影响

学生在有压力的情况下，更容易出现紧张、焦虑的心理。消极的心理影响导致学生本来可以听懂的内容也无法即时理解，以致练习失误，之后又会出现更加消极的心态。此种恶性循环严重影响了学生练习的积极性，加之听力练习短期内效果提升不明显，导致一些学生选择了放弃，无法长期坚持训练。学生由于学习英语的主观能动性以及对外语能力训练的必要性认识不足，往往在英语学习中投入的时间和精力有限，且学习的功利性较强，忽略了英语语言的实用目的。诸如此类的消极心理因素，都会或多或少地制约学生听力水平的提升。

二、教师层面

（一）传统授课模式有弊端

高中听力教学仍以传统的授课模式为主，表现在：①授课形式上，教师反复播放视频或音频，之后带领学生校对答案，串讲文本，学生机械式地被动练习和输入知识，输出不足；②授课内容仍以纸质教材为主，教师给学生输入的重点是词汇和语法等传统的阅读层面的理论知识，听力文本翻译占据了大量课堂时间，缺乏必要的语音辅导、科学的听力技能指导和充分的练习训练。

（二）教学投入不足

掌握一门语言的最有效方式便是沉浸式学习，即置身于特定的语言环境中，而在缺乏相应语言环境的情况下，其创设则主要依赖于日常的听力训练。然而，在高中英语教学过程中，可以发现教师课堂的侧重点还是倾向于对学生阅读、写作能力的训练，留给听力的时间较少，长此以往学生的听力能力很难不弱化。

目前，高中英语听力教学大多实行单一的教学模式：教师播放录音—核对答案—解析错题—重听录音。这种机械化的训练模式看似解决了问题而实际效果欠佳，教师在整个过程中仅仅发挥着播放录音和讲解内容的作用，却疏忽了听力方法上的指导，例如题目关键词的锁定、重点信息的捕获筛选以及如何揣摩和预测听力材料下文等。有专家指出："这种教学模式是让学生如何记忆，而不是让学生如何学会听和解决听力中遇到的一些问题。"一般来说，教师通常采用英语教材或试题上的听力材料作为日常训练，其涉及面狭小、内容单一、缺乏难度。部分教师选择的课外听力素材也欠佳，有的仅仅考查学生词汇量的多少；有的则过于书面体，不够日常和口语化；还有的难度太大，打击学生信心。这都不利于学生听力能力的提高。

此外，传统听力教学模式以教师播放听力录音后讲评题目为主要流程，教师占据着主导地位。学生在听力教学中长期处于被动接受教师传授知识的状态，独立思考的能力会逐渐弱化，对听力产生厌倦感而无法积极发挥其主观能动性，形成恶性循环。

第二节　高中英语写作课堂教学现状

一、学生层面

（一）母语对写作的影响

学生在书写作文过程中，习惯于用汉语思维进行写作，用汉语语言结构的顺序进行语言的表达。母语直接影响学生的语言表达方式，造成学生的句式结构运用不恰当、文化背景知识了解不够、跨文化交际意识不足。作文中出现大量的"中式英语"表达方式，出现母语负迁移现象，造成作文中语言表达不够地道，对学生综合语言运用能力有所影响。

（二）学生基础知识薄弱

词汇是英语写作的基本要素，写作需要围绕着某一话题、某一方面论述。当学生词汇量不够时，就会出现学生语言表达不够恰当，不能准确表达出自己想要表达的意思，容易造成句子表层意思歧义，直接影响作文质量。语法是英语写作中另一基本要素，有些学生语法掌握不好，在写作中存在语法错误，如句子结构错误、固定搭配不恰当、时态语态有时混乱等，同样影响作文质量。

（三）学生课堂参与度不高

教师在传统的英语写作教学中习惯直接给学生作文题目，让学生自行书写作文，教师以批改的方式讲授作文。长此以往，造成学生被动学习，容易忽视写作重要性。同时，学生会认为自己写完作文教师批改完成后，这篇作文学习就已经结束，导致学生在写作课堂中参与度不高的现象，丧失对英语写作的兴趣。

（四）学生对思维导图运用不足

思维导图在高中英语写作课程中的运用不仅需要教师对思维导图进行全面了解和掌握，还需要学生进一步配合。但是，在实际的高中英语写作课程开展过程中，部分高中学生却无法及时跟上教师的教学节奏，不利于其实际英语写作能力的提升。首先，部分高中学生在运用思维导图进行写作的过程中，受英语语法知识掌握不扎实以及词汇量不足的限制，无法将自身所绘制的思维导图以作文的方式加以呈现。其次，在实际的高中英语写作课程开展过程中，部分学生由于自身逻辑思维能力不足，在构建思维导图的过程中存在一定的疏漏，对其英语写作的逻辑性及写作质量造成一定的阻碍。最后，由于英语写作是全面展现学生英语素养的有效方式，学生掌握的单词、句式、语法以及英语阅读量都可以通过作文加以呈现，部分高中学生认为英语写作难度较大，在英语写作课程开展过程中自信心不足，这不利于学生英语写作能力的提升。

二、教师层面

（一）教师对思维导图运用不足

思维导图在高中英语写作课程中的运用是对我国高中英语写作课程教学方式的改革和创新，对我国高中学生英语写作能力的提高具有重要意义。但是在开展的过程中，部分英语教师对思维导图运用有限。首先，部分高中英语写作课程教师仅仅在课程评价工作人员听课过程中运用思维导图，且对思维导图的运用流于表面，仅仅在课前导入以及课后总结过程中对思维导图进行运用，没有将思维导图与英语写作课程进行全面结合，对这一教学模式的运用存在一定的形式化倾向。其次，部分高中英语写作课程教师自身专业知识储备不足，加之不少高中英语写作课程教师是从听力、口语以及语法课程上抽调而来的，对英语写作课程的教学规律把握不全面，同时无法将英语写作知识以思维导图的形式加以呈现，导致思维导图这一教学模式与高中英语写作课程之间并未建立有效衔接。最后，部分教师的教学能力还存在一定的不足，思维导图强调对知识的罗列、归纳以及总结，但部分高中英语教师由于教学思路单一，过分强调语法知识，无法灵活运用思维导图形式呈现教学内容，对高中学生实际写作能力的提升造成一定的阻碍。

（二）教师写作教学评价方法单一

传统英语写作课堂中教师采用直接评价方式评价学生的作文。教师直接对学生的作文进行批改，并给予相应的分数，同时将错误处圈出。采用这种直接评价方式，教师成为课堂主导者，学生只是听从者，未能很好地参与课堂教学中。并且部分学生针对教师的批改，不能及时更正，只是接收到教师批改的结果，没能及时落实和更正教师的指正。久而久之，对作文直接批改的方式就形同虚设，学生逐渐丧失写作兴趣。基础差的学生，面对作文的书写仍是一头雾水，无从下笔。

（三）英语写作课程评价机制有待完善

科学完善的课程评价机制对高中英语写作课程的开展具有重要意义，其不仅可以帮助高中英语写作课程教师明了自身在教育教学过程中存在的问题，还可以帮助学生进一步了解自身在学习过程中存在的问题。但是在实际的高中英语写作课程开展过程中，首先，部分学校对英语写作课程的评价方式过于单一，仍然坚持传统的以学生课堂检测成绩、问题回答频率以及正确率确定高中英语写作课程的评价标准，不利于进行全面、科学的评价。其次，部分学校实际的课程评价理念较为落后，造成英语写作课程评价过程中仍然以英语写作课堂的纪律、学生成绩高低等为重点，对学生英语写作思路的灵活性以及系统性关注不足，不利于学生实际英语写作能力的培养。

第三节　高中英语阅读课堂教学现状

一、学生层面

（一）词汇匮乏

词汇学习需要注重数量与质量，即学生在词汇学习时既需要了解其字面含义，也需要通过语义理解词语在语境中的含义。事实上，一些学生在记忆英语单词时仅注重对汉语意思的理解，无法灵活运用语言环境中的词语。而词语理解得不细致，往往会导致学生无法有效梳理语法结构，无法进行有效的英语阅读。

（二）缺乏阅读技巧

学生在进行英语阅读的过程中会存在阅读速度很慢的问题。首先，由于学生存在盲目性阅读，无法依据材料问题进行文章的精读与略读，导致阅读效率低；其次，学生在阅读过程中只注重逐个单词的理解，缺乏对于文章词组的分析，进而导致阅读存在速度慢的情况；最后，学生因担心理解错误，会出现一个句子重复阅读的情况，进而导致无法科学有效地把握段落以及词语的含义。

（三）英语阅读兴趣低

在当前的教学模式下，很多学生认为阅读课就是学习单词、语法知识的过程，在课堂上积极地记笔记、课后复习背诵课堂笔记是学习阅读最重要的方式之一。目前教师对学生的阅读情况多用分数来衡量，这就使得很多学生把阅读和考试做题画等号，认为学习阅读就是不断地刷阅读题。在这种情况下，学生会认为阅读课枯燥乏味、形式单一，对阅读材料也毫无兴趣可言，学生消极的阅读态度也会直接影响阅读的效果。学生只会把英语阅读当成学习任务和学习知识的工具，并没有把英语阅读当成获取信息和了解文化的途径，也不会把阅读当作一种丰富知识的方法，这就导致学生英语阅读兴趣低，学生更不愿意主动进行课外拓展阅读。

（四）阅读观念存在偏差

很多学生并没有树立正确的阅读观念，学生对英语阅读学习的认识只是停留在学习单词、短语和语法上，进行英语阅读就是为了提高英语测试的分数。学生认为进行英语阅读纯粹是为了学习知识，是一种被动地接收信息的过程，并没有主动从宏观角度把握文章的内容，也没有积极主动地去思考文章内容所要传达的信息和情感，也没有想过要通过阅读来了解不同的文化背景来丰富自己的知识。

二、教师层面

（一）英语阅读教学欠缺合作学习

1. 合作学习流于形式

合作是合作学习的基础，不同于竞争，合作给我们带来的应该是积极的互依，通过人与人之间的相互协调与积极互动来促成团队的共同发展。从目前高中英语阅读教学的合作现状来看，其合作形式比较松散，多半只是流于形式。

小组成员间多半是为了合作而合作，而不是为了达成共同的目标，为了共同的发展而合作。例如，在高中英语阅读教学中，教师分配阅读任务，让学生以小组合作探究的方式去完成阅读任务，但合作小组由谁来主导、如何进行操作、要达成怎样的合作目的并未给予明确的要求。究其原因，其一，教师并未真正地明确合作学习的概念，将合作学习窄化为小组讨论。其二，教师并未有意识地培养学生的团队意识，学生尚未明确合作的内涵，在合作的过程中存在"磨洋工""搭便车"等不良现象。

2. 缺乏小组合作技巧

分组合理和分工明确是合作学习得以顺利开展的关键，但从目前合作学习在高中英语阅读教学活动中的应用来看，并没有很好地把握合作学习的要点。教师在阅读课上对学生的分组基本采取就近原则，按照学生的座位对其进行分组，少有考虑学生的性别、成绩及兴趣等因素。此外，在开展合作学习的过程中，教师没有就合作目标、合作方式以及如何明确地进行任务分配、如何进行有效的沟通等方面的问题进行指导，造成学生在合作学习过程中目的不明确，无法实现真正意义上的合作。造成此类问题的原因可以归结为以下两点。

首先，在开展合作学习的过程中教师并没有关注到学生的英语阅读水平、语言表达能力、沟通协调能力等诸多方面的差异，他们总是会从方便管理的角度出发，以统一的标准去对待全体学生。其次，教师缺少有关合作学习的知识与能力。例如，在英语阅读课中，教师会让学生以小组为单位对阅读中的一些开放性题目进行探究，但课前并未根据学生的个性特点及认知水平等相关因素对学生进行分组，在小组合作探究的过程中也未就合作中存在的问题进行相应的指导，合作后也没有对合作学习所达成的效果及学生的参与情况进行评价。

3. 缺乏对合作学习的有效反思

对高中英语阅读教学开展合作学习进行反思的目的是优化合作学习的效果，进而提升学生的合作学习能力。其缺乏有效反思具体表现在以下三个方面。一是在开展合作学习之前，教师缺乏对学生英语阅读水平、交际能力等方面的了解。二是在开展合作学习的过程中，对学生对合作方式的认可与接受程度缺乏反思。三是在开展合作学习后，对合作学习所达成的最终效果同预期效果的对比缺乏反思。

究其原因，一方面，教师对合作学习的认识不足。在很多教师看来，合作学习的目的就是营造一种积极活跃的课堂氛围，有些甚至是为了迎合新课标或吸引评课教师而设计的，这种错误认识是导致缺少合作反思的直接原因。另一方面，教师自身的角色定位不当。在合作学习的过程中，教师应充当学生合作学习的指导者、参与者、合作者及促进者等综合性的角色。在高中英语阅读教学活动中，教师更多的是扮演一个指导者的角色，他们重视的只是学生是否积极参与到小组活动当中，能否很好地营造一种积极活跃的课堂氛围，而忽视了对课堂中学生参与程度不高、部分学生合作不够积极以及合作深度不够等问题的反思。

（二）英语阅读教学观念滞后

1. 缺乏对文化渗透的重视

大部分英语教师认为文化渗透在英语语言知识和技能传授中，拥有举足轻重的重要功能和作用，可以帮助学生从文化背景、文化理念等角度出发，切实提升学生的语言表达能力、语言应用能力及信息处理能力。然而一些教师没有将文化渗透融入阅读教学实践中。也有部分教师能够积极地将文化渗透嵌入阅读教学的不同环节中，然而文化渗透的深度、广度、频率却相对有限。简而言之，缺乏对文化渗透的重视，导致文化渗透难以充分、有效、完整地与语言教学相融合。

2. 应试教育思想的制约

在现代高中英语教学过程中，很多英语教师普遍受传统应试教育思想和理念的影响，注重阅读策略、语言知识、语法词汇等理论知识的讲授，而缺乏对文化知识、情感态度等素质教育内容的重视。部分教师认为加强文化渗透势必会影响语言理论知识、技能的传授，从而影响高中英语的教学进度。

（三）英语教师阅读能力有限

1. 教材挖掘能力有限

一些英语教师对文化渗透与文化意识的理解还存在不够深刻的问题，致使英语阅读教学中的文化渗透环节缺失，并且教师对教材中所蕴含的文化元素的挖掘不够充分，文化渗透存在诸多不全面问题。这种不全面主要表现为教师难以明确文化渗透的内涵，无法确定英语文化知识与英语语言教学的联系，难以把握英语国家历史文化、民族文化、民俗文化对英语语言所带来的影响，从而在文化渗透或文化资源挖掘中局限于历史文化背景，缺乏对经济、社会、科学等多方面文化内容的阐述。

2. 文化知识匮乏、文化意识薄弱

文化知识是英语教师挖掘英语文化元素、加大文化渗透力度的前提保障。然而根据相关数据调查发现，高中英语教师的文化知识相对不足，对西方文化知识了解甚少。虽然有部分英语教师能够充分了解和积累西方文化知识，然而在跨文化交际上，却存在中华传统文化知识不足的现象。此外，我国既了解西方文化又熟悉中国文化的高中英语教师相对较少，这在某种程度上影响了高中英语阅读教学中文化渗透的效果。

3. 实践能力缺乏

部分高中英语教师缺乏跨文化交际能力和经验，难以通过经验总结的方式，帮助学生掌握、利用西方文化，理解英语语言的内涵。

第四节　高中英语口语课堂教学现状

一、学生层面

（一）心理素质较差

部分学生英语学习基础较差，用英语与对方进行交流时，会出现心慌、紧张、恐惧的心理，虽说具备一定的口语基础，但对英语学习严重缺乏自信心，在英语交流过程中，通常表现为磕磕巴巴、说不清楚。还有少部分学生害怕说错被教师、同学笑话而羞于开口，往往主动放弃口语交流的机会，只能保持沉默。这些心理因素在很大程度上会导致学生在英语口语表达上存在障碍，久而久之，就会惧怕和别人交流，从而形成恶性循环。

（二）没有养成良好的学习习惯

很多学生"三天打鱼，两天晒网"，不能持之以恒地去坚持练习英语口语，也没有养成做英语笔记的好习惯，在没有完全吃透语法的情况下，就盲目地去背诵单词、短语、句型，导致学习效率低。久而久之，学生就会逐渐失去学习英语口语的信心，最终选择放弃对英语口语的持续学习。还有少部分学生不愿意在英语口语上耗费大量的时间和精力，也不愿意在英语口语训练上多下功夫，甚至有的学生认为在未来职场中用到英语口语的机会也不是很多，练习英语口语根本没有多大必要，并没有养成良好的学习英语的习惯，总是为自己找各种借口不想练习英语口语。

（三）学生参与度不高

英语口语教学的互动具有模式化特点，即在英语教学中，每个章节的互动场景、内容都以模式化进行，学生通过分组来进行模式化演练。模式化的教学方式使英语口语的教学效率得到提高、英语口语的理论教学与实践教学衔接较为顺畅。然而，模式化的互动教学具有单一性，学生在同种模式下进行演练，久而久之参与度降低，对英语口语的学习兴趣降低，且在模式化的教学方式下，教师对场景的设置无法做到完全真实，导致教学趣味性不足。

二、教师层面

（一）教学模式落后

在传统的英语教学模式影响下，高中英语教师以讲授必备短语、必备句型、课文要点为主，并没有给学生足够的时间进行口语交流。教师的教学方法也比较单一、陈旧，导致学生对英语口语缺乏热情，学生也会出现抵触心理，处于一种消极、被动的学习状态，长此以往，学生就对英语口语失去兴趣，缺乏学习英语口语的主动性、积极性。在英语课堂上，高中学生只是被动地听教师讲授，或者仅仅是机械重复记忆，并没有真正掌握学习英语的技巧和方法，导致学习英语的效率比较低，英语成绩进步缓慢。

（二）师资力量薄弱

对于大部分学校来说，英语教师的口语水平是参差不齐的，口语发音也不是非常纯正、标准的。在英语课堂上，教师用英语授课的程度也是不一样的，大部分教师可以做到全英语授课，还有少部分教师由于自身口语水平有限，难以全程使用英语授课。这些教师再加上自己本身负责的课程比较多，并没有大量的时间去充实自己，学习培训、外出进修的机会也相对较少，长此以往，就不能给学生树立良好的榜样，很容易导致学生对英语口语练习失去信心。

（三）教学方式较为单一

教学活动的开展方式直接影响着教学效果的呈现。目前，高中英语教学中常见的教学形式为教师按部就班地讲解教材中的语法和词汇等知识内容。这种教学方式无法使学生有效应用所学知识，更无法提升学生的口语表达能力，长此以往，将逐渐削弱学生的学习兴趣，降低英语教学效率，在一定程度上违背了现代教育强调的发挥学生主体作用的要求。此外，很多学生在语用输出时因不了解文化背景知识而缺乏准确性与自信心。

（四）教学内容缺乏整体性

纵观高中英语口语教学，常见教学现状为教师围绕英语教材选取某个话题让学生以小组形式讨论交流，并补充与话题相关的词汇与句型。受课堂时间与教学内容限制，学生很少有机会一一阐述话题，课堂通常以教师表达传授为主。与此同时，口语教学内容缺乏主线，英语教师往往并未从整体出发培养学生的语用能力。学生虽然在课堂上掌握了大量知识，然而鲜少将其应用于实践，不敢开口表达。

第五节　高中英语语法课堂教学现状

一、学生层面

（一）学习自主性不强

语法学习的重要性不言而喻，但高中生很少主动学习语法。学生依赖教师"填鸭式""满堂灌"的教学方式，学习效果不显著，而教师在讲解课文时语法点零碎、不系统，容易让学生"捡了芝麻，丢了西瓜"。即使他们按部就班进行语法学习，表现得也是随心所欲。整个过程没有自己的学习计划和阶段目标，学习方式懒散，导致学生学习语法花费时间长，效果不尽人意，最终自暴自弃。

（二）基础水平参差不齐

初入高中，学生来自不同的学校，由于教学质量与教学环境的差异，学生基础水平参差不齐，特别是部分学校开始全英文授课，在一定程度上会影响教师的教学进度。

根据皮亚杰认知发展阶段理论，初中学生的认知处于形式运算阶段，思维已经具有灵活性、系统性、抽象性。步入高中，学生不再刻板地思考问题，使形式从内容中解脱出来。根据维果茨基的最近发展区，初三英语教师应在学生现有基础上提高教学难度。初高中的衔接过程需要一个心理过渡阶段，两个阶段要用不同的心态、思维、方法去看待，形成正确的动机和学习心态。

二、教师层面

（一）没有创新教学方法

教学方法是影响课堂教学质量的关键因素。在新课标中明确要求，英语课程的设计和实施要有利于学生主动学习，要充分发挥学生的学习潜能，提高学生自主学习的能力。这就要求教师跟上时代发展的要求，创新教学方法，如果只是采用以讲授为主的传统教学方法，不仅抹杀了学生学习的主动性和积极性，而且不利于学生学习能力的培养，也影响课堂学习效果。还有的教师认为有些新颖的教学方法只是花架子，华而不实，是浪费时间，影响教学进度，而讲授法能够在短时间内完成教学任务，不会影响教学进度。持此态度的教师大都没有主观积极的态度，对工作不求上进，更没有努力地去适应新课程改革，教学成绩落后。教师应该根据新课标的要求，创新教学方法，如采用小组合作、角色互换等方法调动学生学习的积极性，既培养学生的语言表达能力，又使学生学习语法知识。

（二）不注重语法的考评

为了检验学生的学习效果和教师的教学水平，就要进行适时适量的测试，通过对学生成绩的评比，既可以了解学生的学习方法是否科学，学习态度是否积极，还可以使教师发现教学过程中的不足，积极改进教学方法。科学的考评是促进教师和学生共同进步、共同提高的有效手段，如果运用得当，就会形成良性循环。但是在英语学科的考评中，有关语法的内容很少，主要偏重于阅读、单词，这样就不能了解学生对语法的掌握程度；同时语法考试内容少，也使教师不注重语法教学、学生不重视语法学习。

（三）教学模式比较落后

提高英语语法教学有效性，可以激发学生的学习兴趣，使之积极主动地学习英语语法，逐渐克服学习困难，系统地、扎实地掌握英语语法，提高自身英语语言水平。当然，前提条件是采用切实可行的教学模式。但现阶段高中英语语法教学依旧以灌输式教学模式为主，教师根据教学要求及教学任务，围绕英语教材来策划教学活动，在英语课堂上向学生灌输大量的英语语法知识，并简单解释英语语法的用法，学生只能被动地、机械地学习，导致学生的学习效果不佳，对英语语法的理解一知半解，在实际解题或写作的过程中难以准确地运用英语语法，常常出现语法问题。

（四）英语语法教学被弱化

传统的英语教学主要以语法翻译法为主，而且语法翻译法对英语学习有非常大的作用，尤其在没有语言环境的条件下，对于刚学英语的学生来说，离开母语教学是不现实的。但是过多地强调语法翻译法，会占用太多的时间，也不利于学生听说能力的培养，而且语法的条条框框会使学生失去学习英语的兴趣。随着新课程改革，教师越来越重视语言能力的培养，其教学行为和教学方式也发生了很大的变化，不再是以前那种学生被动学习、教师满堂灌的教学模式，师生互动的场景成为课堂常态。然而这种把培养交际能力作为教学目标的教学方法，又走向了另一个极端。过分强调口语交际能力的培养，而忽视语言知识体系的构建，导致学生语法基础知识比较薄弱，在英语学习中感到非常困难，没有阅读的兴趣，读不懂英语小短文，更别提英语写作了，很难准确地表达语句，甚至主语、谓语、宾语分不清楚，也不知道名词、动词、副词、代词、形容词等是什么。弄不清楚词句的构成，这也导致学不好英语时态，英语学习越来越困难，失去学习英语的兴趣。

（五）英语语法教学的针对性不强

英语教师应当注意了解学生的实际情况，明确他们的基础水平，进而遵循因材施教的原则，设计不同层次的英语语法教学活动，以便有针对性地教授不同层次的学生，使各层次学生均能良好学习，不断提高自身英语语法水平。但事实上，诸多教师实施"一刀切"教学，也就是直接按照教学要求，将教材内容搬到课堂上，教授学生英语语法，其针对性不强：对于优秀学生来讲，他们已经掌握了这部分知识，比较浪费时间；对于后进生来讲，讲授的语法知识与他们所掌握的知识未能有效衔接，相应语法知识学习比较迷茫、困惑。

（六）英语语法教学的重视程度不高

高中英语教师需要认真对待英语教学，根据教学要求及学生的实际情况，合理地策划并实施此项教学活动，以便通过持续不断的教授，提高学生的英语综合应用水平。但深入了解现阶段高中英语语法教学，发现诸多教师未能正确认识语法学习的重要性，更没有深入了解学生英语语法的学习情况，导致学生因英语语法掌握不扎实，无法准确地进行英语表达或英语写作。另外，诸多学生也没有深入地、全面地了解英语语法，未能认识到英语语法学习对自身英语语言水平的提高有促进作用，反而认为英语语法难理解，学习比较吃力，进而忽略这部分内容的学习。

（七）教师的教学理念跟不上时代的发展

教师的教学理念是在长期的教学过程中形成的，具有个别性和实践性的特点。目前，教学工作仍然围绕着升学考试进行，考试内容涉及对英语语法知识的考核，由此教师重视语法教学，积极教授语法知识。此外，学校对于教师的考核也是以升学率、学生的考试成绩为依据的，这种以考试为目的的教学模式和教学方法使教师在教学过程中不能脱离应试教育的影响，在教学过程中过于重视语言知识的学习，而忽视素质教育，致使学生被动学习，语言技能差，难以适应社会的发展。

第四章 高中英语课堂教学艺术

所谓的教学艺术就是教师有意识地通过声音、图片、形象、表演和活动等一系列能使学生感受到磨合、体会到满足的教学手段去设计教学的全过程，可以说英语教学是科学与艺术的融合。这就要求英语教师除了具有扎实的专业知识，还必须懂得艺术，具有一定的艺术修养。本章分为高中英语备课艺术、高中英语讲课艺术、高中英语课堂组织调控艺术、高中英语师生互动艺术四部分。

第一节 高中英语备课艺术

一、高中英语备课存在的问题

（一）传统备课的弊端

在"坚持以人为本"的教育理念下，仍有不少英语教师坚持传统备课。固然传统备课有值得借鉴的优势，但其弊端也很明显。传统备课的教学目标单一。在传统备课当中，高中英语教师把基础知识作为教学重点，知识的灌输几乎占据了英语备课内容的全部。高中英语教师将教学参考书奉为圭臬，照搬教学参考书的内容，重点教学生字、修辞、文学常识等，认为只要掌握了这些就能提高学生的英语能力。

1. 传统备课的观念偏颇

现在部分高中英语教师备课的中心是应试和升学。在"高考定输赢"的观念下，教师备课的重心放在了应对高考的技巧与方法上，而失去了英语本身的人文性与工具性，致使出现"高分低能"现象。

2. 传统备课的教学设计乏味

传统备课以讲授法为主，教学设计单一、乏味，课堂氛围沉闷，没有活力，学生容易注意力不集中。也有部分教师没能深入研读文本，没能考虑学情，照搬教学参考书，或者直接复制网络上现成的教案，缺乏思考和创新，课堂设计始终如一，缺乏新观念、新方法。

（二）形式化备课的弊端

随着新课程改革的实施，很多教师开始转变教学观念，提倡自主合作探究的新模式。于是教师在备课中加入了很多新点子、新的教学活动，力求让学生有新的学习体验。然而看似热热闹闹的课堂上，教学效果达到了几分，却值得考虑。这种形式化的备课方式更多地出现在新教师的备课中。形式化备课看似以生为主，实则以师为主。教师在备课过程中花很大心思钻研教学方式，力图有热烈的课堂氛围。然而，这种备课在实际教学过程中体现为效率较低，一堂课 40 分钟，学生所接收的知识量少，能力提升不足，更多的是对教师的配合。这种备教材大于备学生的备课方式，没能充分考虑学情。学生现有的知识和能力，以及学生能发展的知识和能力才是教师应该备课的重心。这种预设大于生成，形式大于效果的备课方式是不可取的。

二、高中英语备课艺术策略

和小学教师备课相比，中学教师备课除了要尊重教材和大纲、明确重点和难点、选择合适的教法，还要注重塑造学生健康的人格，培养学生独立思考、独立分析、独立解决问题的能力。这就要求高中教师在备课的过程中，体现对学生的人文关怀、能力培养、情感塑造、价值观纠偏，体现教师之间地位平等、机会均等，通过教师间共商共融，达成目标共识，实现备课育人。具体来讲，要做好如下几方面工作。

（一）秉持多维度的备课内容

在常态化的备课中，教师更多的是关注教材知识点和教学重点和难点，忽略了科学有效的教学方法（尽管在教案中体现了教学方法，但在实际教学中往往偏离初衷），忽视了学生的真实感受，轻视了对教学效果的反思，往往是教师采用"一言堂"的灌输式教学，学生被动接受，师生之间缺少灵活有效的互动，课堂气氛压抑沉闷，学生心中的疑点和困惑没能得到及时解决。因此，要提高备课的有效性，必须把准现状，找准偏离课标、偏离学情、偏离课程、偏离合作的问题。要从尊重教育教学规律出发，从尊重学生身心成长规律出发，从提升课堂教学质量出发，在备课中坚持多维度的备课标准。这就要求学校在教师备课前做好交代、做好培训，进行有针对性的指导，使教师在备课中明确要求、明确方向、明确内容、明确思路。一般来讲，多维度的备课主要包括如下内容。

1. 备学生

"备学生"是实施精准备课的前提条件，了解、熟悉教育对象是备课上课的首要任务和关键前提。教师在上课前要对自己的学生有充分的认知和了解，包括年龄、性别、生源、家庭背景、民族、所学专业、知识基础、性格特质、心理状态等。这些因素都要在教师"备学生"中给予充分考虑。比如，有些学生是少数民族，教师在备课中就要考虑民族因素，所讲内容不能涉及民族敏感问题，以免引起不必要的冲突和争议。又如，有些学生基础比较薄弱，教师在备课中，设计问题要相对简单些，以调动学生的积极性，使学生守住自信、留住自尊。再如，有些学生家庭情况比较特殊（单亲或其他令学生感到很尴尬的原因），教师在备课中尽可能不要触碰学生内心的痛点，以免勾起学生痛苦的回忆，引起学生情绪波动。

2. 备课标

教师在备课过程中要牢牢把握课程标准，明确课程标准对知识点、重难点、教学目标的具体要求，而且要关注课标对各章节之间逻辑关系和内在联系的规定，在备课中要严格遵循课标，紧密联系课标，按照课程标准的要求精准备课。

3. 备教材

高中教材内容相对复杂、知识点多、理论性强，因此教师在备课中要学会处理教材，要知道哪些是重难点，哪些作为一般了解和掌握，哪些可以点到为止，做到在备课过程中有所取舍、详略得当、主次分明，切忌面面俱到。这一方面可以避免时间浪费，另一方面又使备课内容简洁明了、言简意赅。另外，在备课中教师要学会适当增添具有教育意义、贴近学生内心、贴近现实生活、贴近社会实际的事例与案例，以增强课堂的吸引力。

4. 备教法

教师要根据不同的教学内容和学生不同的兴趣点科学设置教学方法。比如，教师在讲到"改革开放的伟大成就"这个问题时，尽量避免滔滔不绝地给学生讲授，而是设定一个诸如"请同学们谈谈我国改革开放 40 多年来取得了哪些成就"的讨论主题，让学生结合自身实际、结合家乡发生的巨大变化、结合自身感受进行开放式讨论。因此，针对这个问题教师可以将教学方法设置为讨论法，让学生知无不言、言无不尽，使师生积极互动、课堂气氛高涨，从而提升课堂教学效果。再如，教师在讲授红色文化时，可以带领学生走出课堂，走进红色展馆，将理论教学与课外实践有机结合在一起，达到最优教学效果。

5.备学法

除了备教法，教师还要从学生实际出发备学法。通过备学法，对学生的学习方法进行有针对性的指导，在课堂教学中可以激发学生的学习兴趣，提升学生的学习效率，减少学生的学习压力与困惑。由此，学生学习的积极性、主动性得到充分调动，促进课堂积极互动、实现教学相长。

6.备过程

教师在备课过程中，要关注系统性和整体性，科学设置课堂各教学环节的先后顺序、各教学环节的时间、各环节讲授的深度，科学合理地分配课堂时间，从而提高课堂的效率。

7.备巩固

教师在完成教学任务后，要根据教学内容设置不同形式的课后作业，以达到对教学内容的巩固和教学质量的提升。此外，备课还应该包括其他方面的充分准备，如备课中不能带有情绪，要保持健康的心态。完成了上述这些任务，也就完成了教师集体备课的第一步——"独备"。

（二）坚持模式化的备课程序

坚持模式化的备课程序，可以避免不必要的时间浪费，提高备课效率。所谓模式化的备课程序，就是教师在集中备课时要坚持循序渐进的原则，严格依照预定的模式一步步推进。教师集中备课的模式基本上可以概括为：独立备课—群体晒课—集中讨论—群体磨课—二次群体晒课—固定教案。在全体教师完成有组织的独立备课的基础上，就进入了群体晒课阶段。"群体晒课"，就是每名教师根据自己备课的首次教案，面对特定群体，通过晒课来展示自己的教案。其他教师依据教案所展示的晒课内容，主要从教案、晒课、教案与晒课二者之间的协同性等方面对晒课教师的展示课提出不同的观点和意见，主要集中在知识传授的精准性、案例引用的科学性、教法采用的科学性、预期效果的认同性、目标任务的达成性、教学重难点的掌控性、与学生互动的协调性等方面。每名教师晒课后，非晒课教师要将听课过程中形成的书面意见和个性建议以集中讨论的方式呈现出来。尤其是一些共性的问题，晒课教师要认真听取意见和建议并做好书面记录。

接下来，同一备课任务组的教师聚集在一起，针对晒课呈现出来的问题进行有针对性的探讨和交流，研究完善教案的策略，想办法找对策，对教案进行科学恰当的修改和完善，直到对此课程的教案不再有异议，从而完成了群体磨课的过程，使原来一个人的教案变成集体的智慧和结晶。在完成群体磨课的基础上，各小组的教师再进行群体晒课，非晒课教师再跟进做出细微点评，然后授课教师对教案与对应的教学课件再进行补充和完善，最后形成一种固定教案。

当然，这种经过悉心打磨的教案也只是一个规范性、基础性教案。具体在上课的过程中，在教案大方向、大框架不变的前提之下，上课教师可以根据实际情况、实际需要对教案做出细微调整，如国家对某些知识点有了增补删改、课程标准做了修正、国家方针政策发生了变化等。在这种情况下，授课教师可以对已经固定的教案进行细微调整，以保证备课内容与上课时间的高度一致，避免产生偏差。

（三）坚守人性化的备课策略

所谓人性化的备课策略，主要是指备课过程和备课内容的人性化，具体包括在集体备课过程中要彰显人文关怀，备课内容、备课容量、时间设定、课堂巩固与作业布置都要体现人本主义，要关注师生情感，关注师生的可承受度。

1.就集体备课过程的人文关怀而言

其一，教师集体备课可以采用多种方式和手段，可以有集会式备课、线上集体备课，也可以有视频会议备课。具体采用哪种备课方式，要视具体情况而定，如天气、教师的健康状态、教师是否处于假期时间等，切不可奉行"长官意志"搞"一刀切"，要充分征求全体教师的意见，关注大多数教师的感受，具体问题具体分析，特殊情况特殊对待。这是对教师人文关怀的一项重要内容。

其二，组织教师集体备课的时间不宜过长，一般在一周以内最为恰当，同时讲求劳逸结合、适当休息、调整状态。这样，教师压力小，备课可以达到最佳效果。

其三，集体备课要顾忌教师的情感与心理，尤其是在寒暑假期间备课，更要关注教师的情绪状态，切不可以行政权力对教师实行高压，要体现人文关怀。

其四，要有明确的工作要求和适当的工作内容。备课前，要交代清楚问题、要实行分工负责、责任落实到位，尽可能避免时间的浪费、工作的低效无效、不必要矛盾的产生，从而增进教师间的团结，形成高效和谐的工作团队。

2.就备课内容的人性化来讲

备课内容的人性化主要是指教学内容、教学方法、教学环节、师生互动、问题设置、导课提问、作业设置、课堂巩固、时间分配等方面要坚持人本主义。进一步讲，就是要求教师在备课过程中深挖吃透教材，在遵循教学大纲的基础上，对教学内容深入研讨。对于生硬冷僻、容易让学生费解的知识点，教师在备课中要深入浅出，用通俗易懂的语言耐心讲授、交流和探讨。

具体而言：教学内容的准备要务实求实，在备课过程中，要坚持实事求是、理论联系实际、用科学的方法解决问题、用高度的耐心对待学生，而且教学内容的设定要尽可能避免触及敏感问题；选择科学合理的教学方法，切忌"满堂灌""一讲到底"的教学模式，要顾及学生的感受，根据不同的教学内容采用不同的教学方法，充分调动学生参与课堂的积极性和主动性，打造人本课堂；科学设置教学环节，详略得当、主次分明、层次清晰、逻辑严谨；创设师生积极互动的课堂教学氛围，对互动的学生做好预设；要对课堂导入进行精心设计，课堂导入直接影响整堂课的教学氛围，要用充满激情的课堂导入引导课堂教学朝着健康轨道行进；要设置难易程度不同的问题，提问不同的学生，充分调动不同层次和基础的学生课堂参与的积极性；要从学生的承受能力角度出发，给学生布置不同内容的作业，而且作业的设置要质量兼顾、体现对学生的关爱；要用简洁的语言对课堂授课进行高度总结；要科学合理地分配上课时间，每一个内容和环节在教案中都要做好时间标记，使人本主义精神渗透到备课内容的方方面面。

第二节　高中英语讲课艺术

一、导入与收尾

（一）导入

1.导入的作用

一堂课，如同一首交响曲的演奏，只有当台上、台下的入席者对灌入耳际的音、声产生兴趣，对所聆听到的声音的内涵有所理解，继而产生了心灵的沟通，才能被称为成功。扣人心弦的交响曲的前奏能引导观众进入意境，课堂成功的"导语"（"开场白"）能激发学生听课的兴趣和求知的欲望。只不过前奏曲徐徐地引人入胜，导入却要求教师迅速地让学生了解教学意图，进入新的教学情境。所以说，要收到较为理想的教学效果，导入的设计和运用是非常重要的。导语是一堂课的"头"，要使一堂课获得成功，必须从"头"开始。它在课堂教学中所起的重要作用是毋庸置疑的。

2. 导入的要求

导入要求教师全盘考虑，对学生有所了解，对教材有所熟悉，对语言有所掌握。导入时应考虑到以下几点：①紧扣教学目标，即紧扣教学目的和要求，而不要脱离教学内容。要熟悉教材，着重关注教材内容中的重点、难点和关键之处。②激发学生的学习兴趣和求知欲望。导入得法可以使学生迅速进入良好的学习状态，从而集中精力学习新的内容。③注意新旧知识之间的连接点和转折点。温故而知新，由旧到新，由已知到未知。④导语的语言要有趣味，如有悬念则更佳。

3. 导入的方法

导入的方式多种多样、各有千秋。较为常见的有趣味性表现法、提问法、介绍背景法、板书法、运用教具法、卡通导入法等。

（二）收尾

一堂课有个美好的收尾会给学生留下无穷的回味。从某种意义上说，收尾比开端更难。

收尾时一般应遵循以下三条原则：一是完整性，要对整堂课的教学内容做简要的归纳，勾画出一个大致的轮廓；二是针对性，要针对学生的实际情况，突出重点；三是启发性，不光是告诉学生正确的结论，更为重要的是应启发他们思考，了解和掌握得到结论的途径和方法。

课堂教学收尾最常见的一种方式是教师在一堂课快结束时对本堂课的教学内容加以归纳，通常包括以下内容：先简要回顾本堂课讲了哪些内容，其中哪些是基本的，哪些是必须掌握的，应如何理解难点内容，采用何种方法记效果最好等。结尾的方式有多种，比如说先让学生进行小结，教师再做适当补充；或者是教师先做简要的"梳理"，再由思路比较清晰、表达能力比较强的学生归纳等。

对于以知识点传授为主的课，写板书也是收尾的方法之一。具体地说可以有效地利用上课前几分钟，事先在黑板上写入关键句，收尾时再一一填入。这样，学生有了系统的、完整的知识点，容易记忆。

二、节奏与过渡

（一）节奏

一堂课教学内容是有节奏感的，包括一般内容、重点内容和难点内容。一般内容稍做陈述即可，重点内容、难点内容则应予强调，这样节奏就自然而然地形成了。有些重点内容即难点内容，有些重点内容却不是难点内容。重点的确定基于这些教学内容是"基本的""必需的"；而难点的确定则考虑到这些教学内容对大多数学生来说较难理解，不易掌握。

一堂课要有清晰的教学思路，"张"和"弛"的节奏要交替出现。首先讲什么，其次讲什么，最后讲什么，应主次分明，合适的、确切的措辞自然可以让学生理解主和次。在英语课上，学生对词汇的掌握有限，所以教师的音量、音速、音调应随教学内容而变化，这样可以起到非常好的辅助效果。刚上课时声音可以大一些，以吸引学生注意，而控制住班级后声音再大效果反而不好。

实践证明，当教师较刚上课时减小声音时，个别学生还窃窃私语的话，他的私语声会暴露无遗，只能知趣地收敛起来。教学重点、难点处，教师应将音速适当放慢，反之则应快些。音调要有高低起伏、抑扬顿挫的变化，使学生大脑的兴奋灶不断转移、变化，保持最佳状态。

教师讲课要保持恰当的节奏。"恰当"，指的是这种节奏要符合一般学生的听课心理，该紧张时则紧张，该舒缓时则舒缓，紧张与舒缓交错出现。教师在上课前要定好一堂课的"基调"，随着课堂教学活动的进行，根据变化着的具体情况随时加以调节。讲课的节奏主要体现在教学内容主次的组织方面。要使一堂课具有鲜明、恰当、有利于学生理解和思考的节奏，必须做到主次分明、重点突出，而平铺直叙、面面俱到是形不成节奏感的。正确的做法是：讲授主要内容、传授重要信息时应紧凑些和紧张些，以吸引学生的注意和重视；而引用其余材料对主要内容、重点信息进行阐述时语气可舒缓些，以利于学生思考。

教学内容是教学活动的内在因素，教学形式是教学内容的外在因素。教师应根据本堂课的教学意图，设计与教学目标相结合的教学形式，以引起学生的兴趣。

（二）过渡

过渡把文章的各个段落衔接成一个有连贯意义的整体，过渡把一堂课的各个零星碎片连成一个有序的教学整体。过渡要自然，又要因情而异，并能引起学生的思考。过渡可以是词语、句子或者段落。过渡得好，学生能跟着教师的思路，毫不费力地学习教师要求他们理解和掌握的教学内容。

课堂教学中的过渡通常有两种：一是教学内容各个部分之间的过渡，起承上启下的作用；二是讲课方式的过渡，如由教师讲解过渡到教师问、学生答这种形式。无论哪一种过渡，都要注意运用恰当的方式，使前后两部分有内在的逻辑上的联系。如果没有内在的联系，就不能被称为过渡。另外，教师表述过渡性的词句还应启发学生，使学生积极思考。因为每堂课的情况不一样，所以过渡的方法自然应该因情而异。

第三节　高中英语课堂组织调控艺术

一、课堂组织教学及其重要性

（一）课堂组织教学的概念

课堂组织教学的能力是教师必备的一项综合教学能力。课堂教学的组织不是一个将学生控制起来的过程，而是一个让学生在教师的引导下控制自己学习行为的过程。课堂组织教学是针对课堂上的教学行为而进行的，包括教师与学生两个主体。在课堂教学过程中，教师应引起学生注意、管理纪律、引导学习、建立和谐的教学环境，并帮助学生达到预期的课堂教学目标。

（二）课堂组织教学的重要性

学生是课堂教学的中心，具有能动性。教师要提高组织教学的能力，把握好课堂教学中的主要环节，循序渐进地开展教学。课堂教学能够集中体现英语教学的学科性质和特点。因此，我们在实际教学中要重视这一环节的安排设计。

课堂教学成功的前提之一是正确地处理好以学生为中心和以教师为主导的辩证关系。我们既不能反对教师主导一切、学生被动接受的授课模式，也不赞成让学生主导一切。教师只有充分地认识到组织教学的主要作用，才能真正地激发学生的主动性和积极性，使课堂教学井然有序。

组织教学具有一定的科学性、艺术性和创造性，这就对教师的综合能力、素质提出了更高的要求。如果出现学生注意力分散、课堂秩序混乱等情况，教师需要加强组织教学。而且，课堂组织教学的方法应该是灵活的。语言教学具有强烈的艺术色彩，应尽可能使语言教学具有强烈的感染力，激发学生的学习动机。为了取得良好的教学效果，所有的教学活动应尽量讲究教学方法。

课堂组织教学主要体现了教师妥善处理课堂上各种情况的能力，教师要能吸引学生的注意力、规范课堂纪律、积极营造良好的课堂氛围，保证教学任务的完成，提高教学效率。组织教学是课堂教学的基本环节，不仅在课堂教学开始时体现，而且也在教学的过程中体现。总而言之，组织教学贯穿一节课教学的始终。组织教学是否恰当，在很大程度上影响教学的顺利进行。

二、高中英语课堂组织调控艺术策略

英语课堂教学的组织与调控是一门艺术，上完一堂精彩的英语课，对于教师和学生来讲都是一种轻松愉快的艺术享受。教学应当在宽松、互动的环境中进行。因此，组织和调控课堂教学十分重要。

（一）兴趣调控

兴趣是推动学生进行学习的内在动力。当学生对学习产生兴趣时，总是积极主动地学习，乐此不疲。此时，课堂主动权将牢牢地掌握在教师手中。

角色扮演是学生最喜爱的形式之一，能全方位地体现一个学生对该语言的理解程度。当教师采用角色扮演的方式讲课时，学生会明显地感受到对这一课的主题的理解超过了对其他任何一篇课文的理解。

讨论与辩论一般在高年级学生中使用。因为它要求有较大的词汇量以及概括语言和表达思想的能力。高中阶段可将这种形式作为常用的教学手段取代初中阶段行之有效的对话、回答等形式。该活动若能有效地组织起来，则不但能提高学生的兴趣，还能使学生明辨是非。

（二）氛围与情绪的调控

对话、复述和阅读理解等都需要学生保持注意力高度集中，时间久了就会使学生产生疲劳、精神不振，甚至会引起学生的厌学心理。而热烈有序的氛围有助于激发学生的热情，有助于拓宽思路，有助于学生对课文的理解及完成教学任务。因此我们要关注学生的情感，营造和谐的学习氛围，充分满足学生好奇心强、乐于参与等心理特点，根据他们的认知发展水平，创设形式多样、生动活泼的课堂氛围，让每一位学生感受到英语学习的乐趣。

此外，教师的情绪直接影响着学生的情绪，学生与教师的情绪是同步的。一方面，教师应该充分调动自己的情绪，使学生进入最佳的学习状态——精神振奋、情绪高涨，这样课堂教学便处在了教师积极主动的情绪调控之中。另一方面，在学生扰乱正常教学秩序的时候，教师可以神情严肃，利用目光扫视全班，使学生迅速安静下来。

（三）语言调控

教师的教学语言只有准确清楚、通俗流畅，才能增强语言的吸引力和感染力，提高课堂教学效果。同时教师还要有情感，因为声音的抑扬顿挫、语速的变化能引起学生感情上的共鸣，能唤起学生的积极思维，使学生快速进入状态，取得良效。当描述事物和现象时，教师的语言要生动形象，营造一种意境；讲解基本知识点时，要严密准确，化抽象为具体；讲解能力题时，要注重方法的指导，积极调动学生的思维；学生注意力分散时，可暂时变换声调，提醒注意。

这样，通过教师生动、优美的艺术语言，牢牢地控制学生的注意力，学生时而进入平静的思考，时而转向思维的巅峰，这样整个课堂教学就处于一种跌宕起伏、妙趣横生的良性状态。

（四）目光调控

教师的眼神是一种无声的教学语言，有时甚至比语言更有威慑力，教师若把目光调控得当，既可以保证教学活动的顺利进行，又可以达到预想的效果。含义丰富的眼神可以向学生传达各种信息：关注的目光可以提醒走神的学生；鼓励的目光可以让不自信的学生自信起来；赞许的目光暗示学生做得很好，继续努力；等等。

教师的目光应是温和的，温和的眼神可以拉近师生之间的距离，学生对教师就有依赖感和信任感，上课就能专注听讲，下课能大胆地向教师请教问题。事实上，班级中的后劲生最需要得到教师温和亲切的眼神。

教师的目光应是公平公正的，他的眼光应洒向教室的每个角落，兼顾到每个学生。这样的眼神会使学生感觉到教师是公正的，关心爱护每一个学生，从而树立了教师的威信，使学生敬重教师，课堂的教学效果会更好。

（五）课堂节奏快慢的调控

课堂知识容量过小，节奏松弛，难以稳定学生的注意力；知识容量过大，教学节奏过快，学生无法展开思维，结果欲速则不达。因此，教师应恰当安排教学节奏，讲解学生易懂和易掌握的内容时应简明扼要，针对教学中的重点和难点要放慢语速突出讲。

例如，在"Revision"这一环节中，教师可采用较快的教学节奏，巩固旧知识；在"Presentation"这一环节，应放慢速度，突出重点，步步深入，在重点、难点之处给学生充分的理解时间；在"Reading comprehension"环节，教师应注重培养学生的认知理解能力，应放慢教学节奏，脚踏实地，多方面对学生进行能力的训练；在"Consolidation"这一环节，集中学生的注意力，在快节奏的操练中让学生养成快看、快说、快思考的习惯，熟能生巧地运用所学语言知识。

第四节　高中英语师生互动艺术

一、课堂师生互动及其相关概念界定

（一）课堂师生互动的概念界定

关于课堂师生互动的定义阐释，不同视角下的概念内涵和理论学说层出不穷。然而，学术界尚未对其概念形成一致的观点。从内涵上来看，学者黄甫全与王本陆认为课堂师生互动是指教师和学生在课堂教学情境中，师生双方借助各种中介而进行的认知、情感、态度、价值观念等多方面的人际交往和相互作用的过程。黄甫全与王本陆对课堂师生互动的概念融合了多方面的教学艺术，如情感与态度在人际交往中的体现，并将师与生、生与生之间的互动视为语言课堂交际的必备内容。李炳煌提出课堂师生互动是指师生双方在课堂教学环境中为了达到教学目的、完成教学任务的相互作用过程。对比上述研究者关于"课堂师生互动"的界定，其普遍认为师生互动是以平等对话为基础、基于一定的教育情境，以互动为主要模式谋求共同发展的多种形式和内容。其概念更加强调互动这一概念发生的具体情境——"课堂"，并认为课堂师生互动的概念包含广义的人际交往，也存在于狭义的教育教学情境中。

因此，基于上述学者关于课堂师生互动的概念界定，研究者对师生互动的重要性及必要性是有共识的。课堂师生互动可以理解为以师生双方为教学活动的主体而形成的一种互动过程，即教师和学生发生在课堂教学情境中的，具有多种形式，包括多种内容的相互作用、相互影响的双向交流、对话及其相关的一切动态过程。

（二）课堂师生互动时长的界定

调查当前高中英语课堂师生互动的现状，需基于课堂实录中的量化数据，如教师和学生课堂互动的话语量（单词数）、时长等做定量统计，由此能够更加充分地帮助研究者调查师生互动的现状特征。例如，游蕾妮在其硕士论文《高中英语课堂互动中的教师提问研究》中把学生回答的平均时长作为测评维度调查教师提问策略对学生参与课堂的影响。

（三）课堂师生互动话语量的界定

教师课堂话语是课堂教学研究的维度之一，常用来揭示课堂容量和师生话语权。例如，刘亚萍在其硕士论文中把学生回答的平均单词数作为测评维度之一调查教师提问策略对学生参与课堂的影响。

二、高中英语师生互动艺术策略

在运用现代信息技术辅助英语教学的过程中，缺乏师生互动是降低教学质量的症结所在。互动是教育教学中的重要元素，教学是教师教与学生学的统一，这种统一的实质是交往与互动。可见师生互动在教学中的重要性。

（一）提高英语教师信息化素养，力求自觉

部分英语教师听到信息化就发怵，感觉会有很大难度。其实，只要从理念上接受信息化，主动接受培训，用心学习，就一定能跟上信息化发展的步伐。

英语教师要树立终身学习的理念，主动参加学习培训，熟练掌握现代信息技术的基础知识，如多媒体课件的制作，能自觉运用多媒体技术合理设计教学内容，破解教学难点与重点。

（二）运用现代信息技术辅助教学

在教学过程中，当学生持续注视屏幕画面超过 20 分钟时，脑电波呈现大脑活动趋向睡眠状态，头脑活动减慢，学生思维将受到屏幕活动内容的抑制。因此，在高中英语教学中若不适度把握多媒体课件的使用节奏，过多地运用信息化手段，就会使学生的大脑产生疲劳，降低学习主动性。因而，在运用多媒体课件授课时，要处理好几个关系：一是要处理好人与机的关系，始终把多媒体课件的应用置于教学的辅助地位，节奏的把握要根据教学实际需要，做到张弛有度，根据教学内容、教学重点合理安排，使多媒体课件的运用与教师的教学有机结合。二是要处理好教师主导与学生主体之间的关系。在课堂教学中，英语教师要清晰地意识到，现代信息技术只是教学的辅助手段，在有限的课堂教学时间内，教师要预留足够的时间让学生进行思考分析、合作讨论。教师只有处理好以上关系才能真正发挥现代教育技术的优势，提高教学质量。

（三）培养学生网络自主学习能力，注重引导

由于网络学习资源丰富，英语教师可结合学生特点进行合理引导，充分利用网络学习资源。一是教师可向学生推荐合适的英语学习网站，指导学生按需要查询英语学习资料；二是引导学生每天开展网络英语自主学习，结合教学内容为学生布置适当的学习任务，引导学生在日积月累中培养自己的自主学习能力；三是在课堂教学过程中，教师不只是播放课件，而是利用好课件来辅助教学，学生也不只是观看课件，而是通过课件可以接触到无法用课堂传统方式展现的教学内容，以加深对知识点的记忆和理解；四是在设计多媒体课件时，要多设计提问环节，层层相扣，适时引导学生思考抑或小组讨论，这样在教师的引导下，不断培养学生利用网络自主学习的能力。

（四）丰富网络教学的情感交流，体现真诚

网络教学给师生带来了时空及情感上的分离，如何实现网络教学的情感交流，这对英语教师是一个挑战。外语是在真实语境的体验里、在交际需要的驱动下、在交流互动的过程中、在积极情感的配合下，通过长期大量接触学会的。

在英语网络教学过程中，教师要坚持以生为本这一原则，与学生建立对话沟通的交流平台。一是教师要敞开心扉主动与学生交流，营造师生平等交流的良好氛围，这样才能引导学生全身心地投入网络教学师生互动的学习之中。课前，教师可通过网络平台布置预习任务，引导学生发现问题；课中，可组织学生交流问题并讨论探究；课后通过网络平台收集学生的学习反馈，这样在全过程师生互动中让学生感受教师的真诚。二是在师生互动过程中，教师更愿意和英语学习好的学生产生互动，而忽略了那些羞于开口用英语表达的学生，显然，这不利于英语教学整体水平的提高。教师要关注学生的个体差异，做到及时鼓励，培养学生的自信心。三是根据师生互动情况及时调整教学策略，以真诚的情感交流激发学生学习的动力，力求以学促教，教学相长。

（五）运用现代信息技术进行教学设计，体现互动

互动式教学模式在网络环境下应遵循的原则有很多，但是教师在上课时应坚持以学生为主体，结合课堂上讲的理论知识和实验课的实验内容，来创建适合学生年龄阶段的互动式教学模式，以达到提高学生综合素质的最终目标。

现代信息技术为师生互动教学提供了良好的平台，是对课堂教学缺乏足够交流的一种补充，运用信息技术来进行师生互动的教学设计，就需要设计含有信息

高中英语课堂教学设计与策略研究

差的各类话题。一是设计趣味性、启发性的话题，激发学生学习英语的兴趣。兴趣是学习最好的老师，也是保障持续学习的动力，在运用信息化技术设计话题时，就要充分考虑到设计的话题是否能激发学生的兴趣、是否能启发他们的问题思维，引导学生积极思考、不断探索与创新。二是设计多层次、多样性的话题，激发全体学生学习英语的自信心。有些学生英语基础薄弱，他们很难主动与教师产生互动，为此，在运用信息化技术设计话题时，要充分考虑到这部分学生的英语学习情况，重点设计一些引导他们能主动参与师生互动的话题，最大限度地调动他们参与互动的积极性，使他们获得成功的体验，增强英语学习的自信心。

第五章 高中英语课堂教学模式设计

英语课堂教学模式是开展英语教学活动的方法论体系，是基于一定教学理论而建立起来的比较稳定的教学活动框架和程序。它是英语教学理论的具体化，直接面向和指导教学实践，具有可操作性，是教学理论与教学实践之间的桥梁。本章分为高中英语课堂教学模式概述、高中英语课堂互动教学模式设计、高中英语行为导向教学模式设计、高中英语多媒体支架式教学模式设计、高中英语信息技术辅助教学模式设计五部分。

第一节 高中英语课堂教学模式概述

一、课堂教学模式概念释义

《辞源》将"模式"解释为一种规范，《国际教育百科全书》则强调模式的结构维度。然而，仅仅将"模式"单一地理解成"方法""结构"是不全面的，模式还具有方法维度和结构维度，应该兼顾多维度，从整体上把握模式的内涵。

在国外，学者乔伊斯和韦尔的教学模式定义较权威，他们把教学模式视为一种教学范型或计划，认为其是构成课程和课业、选择教材、提示教师活动的一种范型或计划。

在国内，何克抗将教学模式定义为在一定的教育思想、教学理论和学习理论的指导下，在某种教学环境和资源的支持下，教与学活动各要素之间稳定的关系和活动进程的结构形式。归根结底，计划只是教学模式的外在表现，教学模式蕴含着某种教学思想或理论，而仅仅将教学模式定义为"范型"或"计划"是对教学模式的简单化。

综上所述，教学模式主要是指在学习资源、学习工具和学习条件等各方面的支持下，帮助学生在学习的过程中逐步获得相应的知识，解决问题，掌握学习方法和策略，通过有效评价，从而让教学目标落地的一种教学范畴。

二、课堂教学模式的构成要素

根据何克抗提出的教学模式定义，一个完整的教学模式由理论依据、教学目标、实现条件、操作程序（教学活动）、教学评价五个要素构成。这些要素具有不同的功能和地位，它们之间既有区别，又彼此联系，相互制约。

（一）理论依据

理论依据是指开发教学模式的指导思想，不仅包括教学理论和学习理论，还包括对教学活动现象的理解和认识，是教学模式的基础。在教学模式的构成中，理论基础既具有独立性，又渗透于其他各个因素之中，起到指导性作用。

（二）教学目标

教学目标是指通过教学模式的实施实现某种目的，是教学模式的关键。教学目标在教学模式的构成中处于核心地位，教学目标影响并制约着其他构成要素，它对教学模式的逻辑步骤和师生的教学活动起着决定性作用，同时也是开展教学评价的重要标准。

教学目标是教育目的和学科培养目标在教学活动中的具体化。一般而言，教学模式的教学目标可以细化为总体目标、学科目标和三维目标。总体目标在于提高学生的考试成绩和学生核心素养中重点关注的信息素养、合作交流能力、问题解决能力等。

总体目标在具体的学科内容中包括课程目标、单元目标和课时目标，学科目标在课堂教学中则细化成知识与技能、过程与方法、情感态度与价值观的三维目标。各层次教学目标依据具体学习内容和教学情境有所调整，但在一定程度上能够体现学科的整体方向以及活动开展的整体方向。

（三）实现条件

实现条件为教学模式的实施提供必要支持，是教学模式实现的前提。实现条件是能够使教学模式发挥效力并达到教学目标的外部因素的总和，包括教师、学生、教学内容、教学资源、教学环境、硬件设备等，各种内外部因素的有机组合促成教学模式的成功实现，不同教学模式的实现条件有所差别。

（四）操作程序

操作程序是教学活动与学生学习活动的总和，教学活动的内容以及关系是教学模式的主体，因此操作程序又被称为教学活动。任何教学模式都具有其特定的逻辑步骤和操作过程，它规定了师生在教学活动中的各个步骤以及应该完成的任务。虽然教学模式都有其特定的操作，但并非一成不变，教学过程力求稳中有变，教师在教学过程中要善于结合学生的实际情况，予以创造性的教学。

综上所述，教学活动主要是指教学内容的组织与引导、教学手段及方法的混合应用、教学情感价值的传递引导。在教学活动的不同阶段，其具体的操作程序和做法会有所不同，任何教学模式都会有相对固定的操作程序，但并非固定不变。

（五）教学评价

教学评价是指对教学活动进行价值判断，是为了完成教学任务并达到教学目标的评价方法和标准，通过教学评价可以发现缺陷、调整不足、提升教学质量，是教学模式的保障。对于不同的教学模式而言，其教学任务和教学目标有所不同，因此评价标准也各有不同。

教学评价是教学活动过程中必不可少的要求和环节，一般来讲，课堂教学模式评价更强调教学评价的多元化。

第一，评价内容多元化。评价内容一部分指向总结性的考试成绩，另一部分指向学生使用互联网平台进行学习的表现形式以及所涉及的软因素指标，包括问题解决能力、合作交流能力、收集和处理信息的素养，教学评价真正从注重"知识"转向"学识＋能力"的综合考量。

第二，评价维度多元化。线上自学评价指向学生导学案的完成率、正确率。线下评价关注学生的课堂表现，具体表现在学生在课堂上的交流状态、情绪状态、注意力状态、思维状态等方面。学习成果包括学生设计完成的作品、作业和测验等。

第三，评价主体多元化。遵循评价主体全面性原则，将学生、家长纳入评价主体之中，综合教师评价、学生自评、家长评价等多种评价形式，对学生的学习过程进行全面系统的评价。

第二节　高中英语课堂互动教学模式设计

一、互动教学模式概述

（一）互动教学的概念

1. 互动

德国社会学家齐美尔将互动定义为说话者为了信息传递和情感交流而进行语言表达的交往形式，是一种常见的生活情境，常发生在两人或多人之间。

《中国大百科全书社会学》对"互动"的解释是：互动共包含三个层面，分别是自我互动、人与人之间的互动和社会中的互动，这充分体现了互动的主体与客体在交流的过程中来回活动的本质。陈卫东和叶新东教授提出互动是个体之间或群体之间通过一定的方式进行沟通交往的过程。

以上对"互动"的解释主要表现在实施互动教学的课堂中实现了教师和学生两个教学主体的双向互动，而非教师一方单向的交流。

2. 互动教学

互动交流是学习的根本，互动教学的本质在于"活动"，其根本目的是倡导在"活动"过程中学习和实践语言，从而提高语言的交际能力。互动教学是运用互动的一种教学形式，不是由教师任意控制的教学。它以师生双方相互的理解为基础，以参与到信息交流中的教学资源为媒介，实现主体间的交流互动。总之，互动教学主张学生、教师的共同参与，强调师生之间的合作交流、协调互动，从而在传递知识的过程中产生教学共振，提高课堂教学效果。从教师教学的角度来看，教师应该依据特定的学情与教学内容，设计相关的教学互动展示；从学生学习的角度来看，通过互动，学生可以对知识进行再建构，通过学习别人的理念与思维方式，提高自身的学习效率。

互动教学不同于传统的教学法，它主张通过教学双方的平等交流，发挥学生的创造性、自主探究性，注重在课堂教学中教师与学生形成一种相互的主体性地位，呈现一种双向的交流与沟通，提高学生自主探究的学习意识。换言之，互动教学要求教师树立正确的课堂行为观念，积极组织互动教学，利用多样的教学方式吸引学生真正地参与到实际的课堂教学中去。这也间接地要求教师与学生处于一种感情融洽的状态，尽量使得课堂氛围处于和谐中。互动教学所要达到的教学目标是促进学生多方面发展，包括在与他人的认知冲突中促进自身的学习，在小组交流合作中丰富自己的认识，从而提高课堂学习效果。

（二）互动教学模式的维度

互动教学模式的维度可以分为教学主体的维度和教学形式的维度等。

1.教学主体的维度

教师作为教学主体之一应在教学中，针对与学习内容相关的内容，和教学的另一主体——学生进行多方面的沟通和交谈，以更有效地达到教学目标。

教师根据互动教学中现存的问题制订和实施教学计划，并且及时地反思，旨在通过行动研究解决目前学生存在的英语水平不高以及学习兴趣不足的问题。学生作为教学的另一主体，在一种轻松愉悦的学习环境和气氛中进行高效互动。

2.教学形式的维度

教学形式的维度主要在师生互动、生生互动及人机互动三个部分中展开。

师生互动指发生在教师和学生之间的各种不同方式、本质以及程度的行为的互相作用和影响。在教学实践中，通过创设与所学课文一致的真实情境，使学生对语言学习的印象不只停留在乏味和无聊中，引导学生提出有价值的问题，让学生享受在互动学习中展示自己的过程，使他们的英语表达能力和水准得到稳步的提升。

生生互动指学生与学生之间通过语言及肢体语言或情感的表达进行交际、感知与处理信息的互动方式。在教学实践中，可以设计多种多样的生生互动形式。例如，设计游戏环节激发学生的学习兴趣，引发学生进行主动思考；建立小组竞争制度，调动学生的学习积极性，使班级全员参与到课堂互动中，形成协作互动学习的局面；引导学生制作思维导图，总结学习内容。

人机互动是一种学生利用多媒体等软件进行学习的互动方式，学生可以借助网络媒体获取知识，增加口语训练的机会，提高英语交流水平。这种学习方式逐渐被学生接受和运用。在教学实践中，可以借助音频、视频等网络资源模仿英语发音；利用英语学习软件，营造语言氛围，引导学生参与到口语训练之中，不断提高英语水平；利用社交软件、互联网等学习工具，指导学生将自己的学习成果分享到网上，教师进行线上点评与指导。

此外，还有学者从以下几方面对互动教学进行了进一步的阐释。

多元的互动主体：教师与学生之间除了师生、生生互动两种最基本的形式之外，还具有多种互动形式，例如，教师与学生在个体和群体之间也都存在互动。

多维的互动内容：教师和学生在互动课堂中，彼此之间互动的实质是多维的，既包括常识范畴的交流，又包含实践层面的交流；互动信息的来源也是多维的，既有来自教师的信息，又有来自学生的信息。

丰富的互动媒介：互动媒介指对学生在课堂中的发展起推动作用的教学手段，如教具和多媒体课件等。教师通过使用丰富的互动媒介调节学生学习的积极性。

多样的互动形式：在互动课堂中，教师通过设计各式各样的教学形式，不断激起学生参与互动的兴致和欲望。

互动教学旨在利用与教学相关的教学要素，发掘它们之间的关联，使教学各要素成为一个有机整体。

二、互动教学模式的意义

（一）有利于教师了解学生的学习进度

加强互动的方式有很多种，教师对学生提问是最基本的方式。教师提出的问题与教学内容相符，能够让学生更好地回答问题。当然，教师也可以开展英语活动，让学生积极参与进来，共同完成任务，使学生更好地学习英语知识，推进教学进度，从而也使教师更好地制订下一节课的教学计划。

（二）有利于激发学生英语学习的兴趣

在高中英语教学中实施互动教学模式，能够激发学生的英语学习兴趣。为了更有效地指引学生在实际生活中准确地运用英语知识表达自我，可以让学生体验具有真实语言氛围和真正表达意图的互动活动。通过设计角色扮演、小组竞赛、益智游戏、英文短剧表演和英文歌曲大赛等生生互动活动，吸引学生积极参与，使学生在课堂中转变角色，由被动性地接受教学转变为创造性地主动学习；同时不断尝试师生与媒介之间的互动，将英语趣配音、英语流利说、思维导图软件与培养学生的英语交际能力和学习兴趣进行有效结合。

这些方式使学生完全融入英语课堂教学互动活动之中，使他们参与互动的意愿更加强烈，同时也能促使学生在学习中产生愉悦感，促使其学习兴趣变得越发浓厚。在良好的学习兴趣的作用下，学生的英语水平也有所提高。

三、互动教学模式在英语教学中的操作程序

在英语教学中，互动教学模式的操作程序具体如下。

第一，创设情境，生成互动问题。教师为促使学生逐渐感受学习的趣味和兴致以及积极主动学习的欲望，将教室布置成与话题一致的场景，利用鲜活的教学模型使学生的专注力得到提升，引导学生提出自己的疑问。

第二，合作探究，体验互动活动。教师通过设计以小组合作为主要形式的游戏环节，使学生自愿投身到英语课堂之中，分析和研究学习过程中出现的问题和疑惑，并渐渐产生对英语学习的热爱；利用英语趣配音等学习软件，鼓励学生在深受其欢迎和喜爱的语言环境中展开英语练习，努力达到更高水准的英语表达能力。

第三，拓展应用，开放互动空间。教师指导学生利用英语趣配音软件完成配音作业，使学生通过丰富的配音形式锻炼英语交际能力；布置真实调查和采访任务，培养学生的英语交际能力。

第四，欣赏感悟，发展互动评价。教师设计与话题相关的评比台，为获胜的同学给予奖励，激发学生参与课堂互动的兴趣。同时，教师不仅要细致观察每个学生不同性格的差异，还要时刻关心学生，使他们可以相信自己。这也是教师对学生给予评估的时候需要特别注意的。

四、互动教学模式在英语教学中的优化策略

（一）创新互动方式

在传统的高中英语课堂中师生互动的方式比较单调且不免流于形式，以致难以激发学生互动的兴趣，甚至可能磨灭某些学生的互动积极性。因此，高中英语教师在开展教学互动时，要不断创新多种多样的能够满足学生需求的互动形式。

1. 对话式

对话式的教学互动是师生双方基于互相尊重、平等互信的关系展开的，是一种师生通过互问互答的对话活动来实现教学目标的互动形式。问卷调查的数据结果反映出，学生也是希望与教师进行"互问互答"的。关于对话式互动，实际上是以问答式互动为基础逐渐发展而来的，是一个"教师问—学生答且产生疑问—教师解疑"的过程。

在教学实践中，教师应采用对话式互动，为学生提供一个民主平等的学习环境，从而让学生逐渐养成"敢互动、想互动"的习惯。由于学生本身知识和能力的欠缺，对话的开始一般是由教师发出的。基于此，可以从教师"问"和引导学生"问、答"两个方面进行阐述。

（1）教师要"问"得有技巧

英语教师设问的目的是通过问题吸引学生的注意力，使学生在解决问题的过程中获得知识和发展思维能力。因此，英语教师的"问"，一定要问得有技巧。

第一，要"问"得有价值，杜绝无效问题。教师设问、学生答问的过程是需要花费时间和精力的，所以英语教师在设计问题的时候一定要对标高考重难点和学科核心素养，要抓住问题的关键所在，问题要能够让学生陷入思考之中，并可以对学生形成启发。教师要尽量减少那种学生不加思考就可以在书上看出来的无效提问。

第二，要"问"得有梯次，面向全体学生。深度浅的问题可以提高学困生互动的积极性和学习的自信心，深度大的问题可以激发学优生的探索欲望。因此，英语教师可考虑根据孔子和苏格拉底的提问原则，来进行对学生提问的设计，由浅入深，以提高学生的兴趣。

第三，要"问"得有生活性，理论联系实际。学生对枯燥的文字知识和侃侃而谈的大道理往往缺乏探索的欲望，而对生活中的趣事、网络上的热点充满了好奇心。在这种情况下，英语教师就应根据学生的心理特点以及他们的兴趣，与社会热点进行有效的融合，这样将会产生较好的效果。

（2）教师要"导"得有艺术

对话式互动强调学生与教师进行平等的问答交流，抛却教师对问题答案的标准预设，使真理在师生的互动探究中呈现出来。所以，英语教师提出相关问题后，要让学生有思考和回答的时间，从而产生思维的碰撞。

首先，教师要拒绝"一言堂"，鼓励学生质疑和发问。学生对教师绝对权威的课堂是非常畏惧和反感的，而他们在可以反问和质疑教师的课堂中则表现得更加积极，思维也更加活跃。英语教师在教学中可以就某个知识或答案故意说错，然后故作尴尬停顿片刻，观察学生有何反应，如果有学生质疑那是最好，如果没有，可以再问学生"就刚才的……大家有没有发现什么问题"，学生会加以思考后提出疑问，教师要非常谦虚地接受，然后再说"书本和教师不一定都是对的，欢迎大家随时质疑老师"。经过反复进行，就会形成平等的对话氛围，可以激发学生与教师互动的兴趣，也可以让学生在互动的过程中体验到学习的美好。

其次，教师不应完全依赖于"标准化"，要为学生提供创造性回答的机会和环境。如果教师只允许"标准"出现，不接纳多样化的声音，就会逐渐打消学生与教师互动的积极性，也会导致学生的批判思维难以发展。所以，英语教师在发问时可以围绕知识和教育设计一些具有开放性的问题，在发问后允许学生"在理解的基础上去质疑"，求同求异，从而实现创新。

2. 游戏式

游戏式的互动是一个集"教育"和"趣味"于一体的互动教学形式，它与传统教学模式最大的不同就在于寓教于"乐"，通过创建、组织、实施和评价互动游戏激发学生的兴趣，使学生获得知识以及全面发展的能力，真正实现"乐中学"和快乐成长的目的。

为了激发兴趣，促使学生积极主动地参与学习，教师要积极去研究和挖掘可利用的游戏形式，使课堂充满乐趣。

3. 案例式

在课堂授课中，教师借助多媒体等方式来呈现案例，在已有知识基础上设置悬念、引导学生来解决问题，从中体现出课堂重点，上升为理论知识。

案例式互动教学方式的步骤为"案例解说—尝试解决—设置悬念—理论学习—剖析方案"，整个互动方式具体直观、生动形象，营造了良好的课堂氛围，让学生对知识产生更多的印象，但也存在一定的缺点，即理论知识学习并不深刻、课堂呈现内容较少，影响了学生的学习效率。

4. 表演式

一般而言，表演式互动教学是将具有可演性的教学内容，通过情境设置、角色扮演、感悟总结的方式生动地演绎出来，从而实现化死板为生动、化抽象为直观的效果，增强学生对知识的理解，改善教学效果的教学形式。表演式互动常被用于英语、语文、历史这一类具有较多可演性内容的课堂教学中。

（1）充分挖掘可演性教学内容，为学生创造表演机会

英语学科有很多情境对话，所以挖掘出可供学生表演的内容是较为容易的。在实际情境中，为了高质量出演，教师和学生会去搜查自己所选角色的资料，了解背景知识。而在表演时，可以分为两组，观看组在教室内，扮演组在教室外，

由外入内，师生一起进行表演。在这个过程中，师生可以增强文化体验、交流情感，学生的语言表达能力得到提高，风格个性得以展现，所有学生均可从中体会到乐趣，使其学习兴趣得到提高。

（2）师生角色互换，创建平等互动课堂

关于表演式互动教学，还可以根据教学内容以及师生本身来开展活动。"教师"和"学生"本就是教学情境中的两种角色，完全可以进行角色扮演，即教师扮演"学生"听课，学生扮演"教师"讲学。

教学中，可以选定某个难度适当和具有探究意义的课题内容，比如在英语课程中，让学生以小组为单位准备讲解资料，在上课时抽签决定哪一组讲课，由小组代表扮演"小教师"角色，其他小组成员随机做补充，对全班同学和扮演"学生"的教师进行教学。对于教师而言，可以指导学生准备相关资料，扮演陪伴者的角色，在学生教学时成为倾听者、发问者，结束教学后成为评价者、总结者。

当然，为了启发和鼓励学生，发问时要注意引导，不能为难学生；评价时要注意激励，多表扬学生的闪光点，帮助学生树立信心，激发学生"再来一次"的欲望，也激发台下学生展现自我的动力。对于学生而言，走上讲台，扮演在学生眼中具有权威的教师角色，增强了自身的情感体验，激发了互动学习的兴趣；同时，通过当"小教师"可以体验到教师的不易，更加尊重和感恩教师。另外，每个学生都有自己的个性特点和思维方式，展现的多元课堂风格可以为单调的课堂增色添香；并且，无论是资料准备还是表演本身，都会使学生的能力得到锻炼，从而让学生得到全面发展。

高中生通常自我意识较强，有较强的表现欲望，表演式互动教学为他们带来了机会。学生作为表演主体，而教师给予适当的协助，师生相互配合，不仅达到了教学的目的，而且让课堂气氛更加活跃，使学生的能力得以加强。但是在实施过程中，一定要坚持表演的目的性、针对性、适度性原则，不能满堂演、随便演，要以演激趣、以演促学。

5. 辩论式

辩论，通常表现出竞争、对抗、平等、自由等特征，这正是高中生所需要的。辩论式互动教学是在教学课堂中引入辩论活动，师生即辩论主体，通过辩论活动完成教学目标的教学形式。

关于辩论式互动教学，主要有以下几个步骤：辩题确立，辩前准备（包括学生分组、明确正反方、查阅资料、准备论据和发言稿），课堂辩论（包括规则讲解、情境导入、辩论开展、课堂导控），辩论总结评价（包括论点概括、教学总结、情感升华、师生点评）。

整个辩论对教师的要求是非常高的，教师不能确立了辩题便放手不管。教师要充当好"辩论导师"的角色，耐心仔细地观察学生的动态，以便及时地进行干预和引导，帮助学生顺利准备、激情辩论。比如，在辩前准备阶段，教师要注意学生分组的全体性和均衡性，尤其是要把不爱说话、不太好学、不喜合作的学生的积极性调动起来，可以采取组合帮扶的方式，也可以采取分组对抗的方式。由于教学时间有限、教学任务紧张，学生课业负担也重，不可能经常进行正规的辩论赛，因此可以采用自由辩论、随堂辩论的方式，让全体学生围绕辩题发散思维、畅所欲言，在口语激战中碰撞出思维的火花，建构起真理，升华出情感，形成正确的态度和观念。

6. 主题探讨式

在互动式教学中，师生双方围绕主题来进行互动，有利于达到课堂教学目的。主题探讨式互动教学步骤为"提出主题中的问题—思考讨论问题—寻找答案—归纳总结"，在授课中主题明确、探讨深入，学生积极围绕主题参与课堂活动，但缺点在于组织难度大，在进行主题讨论时教师无法控制提出问题的广度和深度，容易影响到教学过程。

7. 归纳问题式

在英语课堂授课中，教师在课前针对教学目的、重难点来设置问题，提前做好互动问题归纳。教学开始后，教师提出问题来引导学生进行争论，达到熟悉学习内容、拓宽课堂思路的目标。在归纳问题式互动中，教师要充分调动学生的积极性，提升问题求解水平。

（二）提升主体互动能力

1. 提升教师教学技能

"教师是教育的第一资源"，可以说，"教师质量即教育质量"。教学互动是否顺利开展取决于教师互动能力水平的高低，教师是否能在互动中实现教学相长也要看教师的素质。因此，教师应随时随地进行学习，促使教育教学水平得到提高。

（1）主动完善和丰富自身的知识体系

有效互动教学的开展，需要教师掌握多且广的理论知识。在教学中，学生也更喜欢、更乐于和一个有宽领域知识的智者互动。所以，英语教师首先要对英语这门课程所涉及的相关学科知识悟透，提高教学互动的实用性。其次，教师要不断学习更新教育理论知识，对学生的现实需求以及心理、行为上的变化做出详细的了解，以求冷静、机智地处理与学生在互动情境中产生的问题，进一步优化自己的教学行为。

另外，在信息化时代下，对于教师来说，必须全面掌握现代化教育理论知识和实践技能，学会运用现代教育媒体，搭建起更先进的与学生互动的媒介。

（2）提升教师互动技能

师生互动过程中教师处于主导地位，只有教师"导"得有艺术，学生才能学得有所收获。

第一，教师应使自己的互动设计水平得到提高。互动设计是开展互动的第一步。在设计过程中，教师要善于运用教育理论知识充分掌握学情，结合学生的发展需要，为学生设计一个既具有可实现性又具有挑战性的互动目标；要根据学生的心理需要和兴趣所在，选择具有针对性和价值性的互动方式和互动活动；既要注重学生个性化发展，又要对学生的全面发展高度关注，并以此来设计相应的评价方式。

第二，教师应使自己的互动导控能力得到不断增强。在互动教学法的运用中，要求充分反映学生的主体性，但并不意味着学生可以随心所欲地参与互动。在教学中，有些教师曾亲身体悟过课堂导控不当的严重后果，由于对互动规则的要求不到位，导致学生过度积极，使互动流于形式，还扰乱了课堂，失去了教师的威信。

所以，教师一定要在互动中立规矩、讲原则，既要让学生"活"起来，又要对学生"压"得住，根据学生情况有意识地提前预判课堂失控情境，做好应对措施，把互动中的失控行为及时控制住。这就要求教师不断提高自身的应变能力。

（3）提升教师反思能力

一名教师，只有善于反思并付诸行动，才能成为一名高水平的教师。每一个学生都是一个变化发展的个体，每一次互动都可能生成新的问题，所以每一次教学活动都是教师进行研究的资源。

英语教师首先要做到自我反思。互动教学完成后，教师应对其过程进行反思，主要考虑是否设计了科学的目标、有效的互动方式、合理的互动评价以及互动导控是否到位等；再根据学生的互动反馈进一步思考研究如何将这堂课上得更好，如何使下一次互动效果达到最佳。

另外，英语教师还可以通过他人进行反思。一方面，他人的评课是改进自身教育教学行为的重要资源；另一方面，观摩他人的课堂、观察他人与学生的课外交往也是反思自己并促使自身提高的重要渠道，可以借鉴他人之长技，补自身之短处。当然，关键是英语教师要将反思总结的结果以文字的方式呈现出来。因为只有这样，反思结果才会生成经验，上升到理论的高度，否则就是零散的"小碎片"。

2. 提高学生综合素质

高中英语课堂互动教学无法得到高效的实施，还因为一些学生缺乏端正的态度，且能力水平也不高。因此，提高学生素质，才能使高中英语课堂互动教学得到明显的改善。

（1）激发个性潜能

每一个学生都有独有的特征和自己的特长，学生要善于表现自己的特长，在教师的引导和鼓励下，积极参与互动，对自己的个性潜能加以激发。比如，教师发现有的学生在互动过程中表现得内向腼腆，不敢说话，在写作业时却表现出思维清晰、有条理的特点，这时候教师可以介入干预，为其寻找发扬优点、改善自我缺点的机会。

（2）培养综合能力

高中阶段的教育教学目标之一是使学生各方面能力都有所提高。学生要在学习知识的基础上，有意识地、主动地去提高自身的综合能力，而师生互动就是实现此目标的重要途径，所以，学生应积极参与互动，提高自己的能力。一是学生要通过对知识进行前后联系、分总梳理以及画思维导图等方式，促进对书本知识的系统掌握；二是应在教师的指导下，通过多次互动训练，掌握更多较为实用的学习方法；三是在互动过程中，要有意识地培养和形成发散思维，以此来提高解决问题的能力；四是要通过生生讨论、师生对话、课堂分享提高自身的语言表达和沟通合作等能力；五是要通过参与游戏活动、角色扮演、辩论赛等方式培养自身的创新创造能力、合作竞争能力、社会参与能力等。总的来说，学生的学习不单单是为了获得理论知识，更重要的是使自己的终身学习能力和自主发展能力得到全面提高。

第三节　高中英语行为导向教学模式设计

一、行为导向教学模式的概念、特征及与传统教学的对比

（一）行为导向教学模式的概念、特征

行为导向又叫活动导向、行动导向、实践导向。行为导向理论是瑞恩斯在20世纪60年代提出的理论。该理论基于人的发展本位，以实际工作需要为基础，以活动和实践为导向，以提升学生的综合实践能力为目标。行为导向教学即将行为导向理论运用于教学活动中，强调学生对学习的主动负责性。

行为导向理论于20世纪80年代引入教育范畴，行为导向教学法是在行为导向教学理论的基础上发展起来的，该教学方法强调以人为本，以学生为中心，同时也注重教师对学生的引导、帮助作用，目的是培养学生的动手操作能力、分析问题和解决问题的能力。行为导向教学是现代教育的一种新型教学模式，该教学理念不局限于某种单一的教学方法而是包括一系列教学方法，这为教学设计提供了较大的自由发挥的空间。

行为导向教学模式强调改变传统的教学模式的状态，认为应该充分调动学生学习的积极性，让学生通过自主的理论学习和课堂上主动的实践学习获得全面发展。行为导向教学强调学生通过完成实践活动、完成学习任务来达到学习的目的。我国教育家陶行知先生提出的"教学做合一"的三位一体教育思想与行为导向教育理念一脉相承。

行为导向教学模式的特征有：行为导向教学适合的教学内容与生活实际和职业实践有关，具有生活性和实践性，教学内容具有应用价值；在教学过程中，学生是主动学习的参与者，注重学生学习兴趣的挖掘和动手能力的培养，在操作过程中注重合作与交流；在教学的组织形式上，多以小组的形式开展，让学生在合作中思考，相互促进。

行为导向教学理念强调学生是教学环节的中心，是学习过程的主体。对于实践操作课程，在培养学生理论知识的同时，最重要的是培养学生的实践操作能力，培养应用型人才，以便更好地融入社会。

（二）行为导向教学与传统教学的对比

行为导向教学与传统的教学有所不同，在传统的教学法中，教师是知识的传授者，甚至是灌输者，学生是知识的接受者；在行为导向教学中，教师充当帮助学生学习的组织者和引导者，更加突出学生的主体地位。传统教学与行为导向教学的对比如表 5-1 所示。

表 5-1　传统教学与行为导向教学对比表

比较项目	传统教学	行为导向教学
教学目标	传授专业知识	培养实践动手能力、团队协作能力
教学资源	以书本为主	整合教学资源
教学模式	以教师、课堂、教材为中心	学生是主体，教师是主导
教师角色	知识的灌输者	教学活动的指导者
学生角色	知识的被动接受者	学习的主体，知识的发现者、运用者
培养方式	单一的知识培养	包括实践能力等多维度综合能力的培养
教学方法	单一的教学方法	多种教学方法相结合
教学过程	讲授，联系	引中学，练中会，会中创
教学评价	教师评价、终结性评价	学生自评、教师评价、形成性评价

在传统的教学课堂上，大多采用教师填鸭式灌输、学生被动式接受的教学模式，不可否认，这种教学模式具有一定的优越性。首先，这样的教学模式效率高，能在较短的时间传达较多的教学内容，一名教师可同时教授很多学生。其次，这种教学模式与中国的大多学科类似，学生从小接触最多的就是该种教学模式，因此学生易于接受。最后，这种教学模式对教师、学校教学资源的要求较低，一支粉笔、一块黑板就能开展教学，教学成本较低。该传统的教学模式对学生的要求较高，要求学生具有较强的学习能力和高度的自律能力。

传统的教学方法难以激发学生的学习兴趣，教学质量难以保证。而将行为导向教学运用于教学课堂，首先教师为学生确定教学任务，使学生通过自己动手实践完成教学任务，在动手实践中吸引学生的注意力，从而使学生积极地参与课堂教学，促使学生在任务的完成过程中主动发现问题、思考问题、解决问题。另外，运用行为导向教学于英语课堂，能够极大地发挥高中学生动手能力强的优势，克服自主学习能力差的不足。

二、行为导向教学模式的具体教学方法

行为导向教学强调将理论学习与实践操作紧密结合，强调发挥学生的主动性和创造性，提倡"在实践中学习，在学习中实践，在实践中升华"的教学模式，促进学习与实践的双向驱动。行为导向教学理念强调将实践活动融入教学过程中，在实践操作中，使学生运用所学知识主动发现问题、思考并解决问题。在对行为导向教学的研究中，形成了一些教学方法，如模拟教学法、案例教学法、实践式教学法、项目教学法、角色扮演法、引导文教学法、任务驱动教学法等教学方法。

（一）模拟教学法

模拟教学法是指为学生创造特定的教学环境，以一定的教学手段实现教学目标的教学模式。在教学过程中，根据实际需要模拟场景，使模拟出的场景与现实的交际情境类似，从而为学生创造现实的社会环境氛围，使教学对象提前认知以后将要面对的生活或工作环境，为以后的交际活动奠定基础。

（二）案例教学法

案例教学法是一个复杂的引导过程，指在一定的教育目的和教学内容的要求下，将真实的案例运用于教学活动中，为学生创造情境，引导学生思考，通过案例的引入，培养学生的发现式思维以及处理案例中遇到的问题的实践能力。案例教学法是对一般知识的具体运用，即将理论知识创造性地运用于实践，解决实际问题，并总结升华理论知识点，以此实现教学目标。案例教学法要求学生通过案例的学习，从特殊性案例中概括出一般性规律，再将一般性规律运用于具体的案例中。

对于案例教学法而言，在明确课程标准、教学要求后，教师设计教学方案，分享典型案例，对案例指向的问题进行讨论分析，给出解决方案。学生在这个过程中进行知识与技能的学习，未来必要时能进行回忆和应用。该方法的步骤如下。

第一，直面问题。分析案例具体情境，做任务描述、学习分组。

第二，收集信息。独立收集信息，并加以选择和利用。

第三，开发方案。学习小组制定可行方案。

第四，决策。对解决方案做决策，记录要点。

第五，辩论。演示解决方案，集体讨论，敲定最终解决方案。

第六，核实。将敲定方案同真实实践对比，做好最终评估工作。

作为发现式的教学方法，案例教学法强调引导学生自觉学习。在英语教学中，从真实或虚构的情境出发，根据学生的综合能力水平，通过团队商讨，逐步给出可行的解决方案。学生依照理性思考，进行动脑分析和专业行动。

（三）实践式教学法

实践式教学法是针对理论教学法提出来的，目的是让学生将理论知识运用于实践，提升学生的实践操作能力，形成理论与实践相结合的能力，为以后的职业生涯奠定基础。实践式教学法强调让学生采取做中学的形式，这样的教学方法有利于实现高中阶段的培养目标即培养高素质的英语人才。在这种教学方法中，教师的"教"源于实践经验，学生的"学"也是在实践中学。

（四）项目教学法

项目教学法是行为导向理论中必须使用的教学方法。这里的项目指学习任务或课题。项目教学法中的项目是指学生感兴趣的活动，指在一定的环境下，根据学生已有的知识制定一个"项目"，通过设定学生感兴趣的活动，使学生运用所学知识完成特定活动的教学任务，以达到教学目标的教学形式。在这一过程中制定的"项目"难度要适中，要遵从学生的"最近发展区"，充分挖掘学生的潜能。在此过程中充分发挥学生的自主学习能力、综合探究能力、合作能力、分析解决问题的能力，充分发挥学生的主观能动性，使学生加强对知识的理解，形成更加系统的知识观。

具体来讲，项目教学法的步骤如下。

第一，项目确定。这是项目学习是否有效的基础。

第二，项目计划。分组细化项目计划，自行确定任务、角色分配。

第三，实施与记录。按已有计划展开，具体实施中，随参与者思路变动，实时调整方法，做好重要内容记录。

第四，成果展示。汇报项目完成情况，介绍问题解决方式。

第五，成果评估。临近收尾，各组回顾整个行动过程，比较预期目标和学习成果，做评价分析。

在项目教学法中，教师应有教学项目设计、组织力，避免过多干预，适应"学习顾问"的角色。教师应考虑班级容量、设备等因素，建立真实的生活环境，以实现教学理论与实践一体化。

（五）角色扮演法

角色扮演法要求学生根据教师所设置的情境，把自己暂时置身于相关的职业角色或社会角色中，按照该角色的工作要求或行为规范处理事务，感悟自身角色，提高自身素养。

实施角色扮演法前，教师需要设定工作情境和职业角色，明确工作任务，鼓励学生在合作学习中做好角色的分配，鼓励学生"真实"体验角色的所思所为，提供机会让学生展示成果，在完成任务之后组织学生交流评价，启发学生反思。

（六）引导文教学法

引导文教学法是教师根据教学任务来设置教学问题，引导学生自主学习知识，培养学生独立思考能力的教学法。引导文的任务书是学生学习的内容，教师通过设计引导文中任务的难易程度，来合理安排学生学习知识的顺序，循序渐进地让学生掌握知识。学生通过分析来确定学习目标，利用互联网、书籍等资源，对任务内容进行搜索与学习。在引导文教学法中，学生完成了角色转变，充分发挥了自身的主体性，提高了自主学习能力。

引导文教学法分六个阶段：资讯阶段，教师下发引导文，学生们确定学习内容；计划阶段，教师对引导文里的任务进行说明补充，学生准备好学习资源，设计任务方案；决策阶段，教师帮助学生判断方案的可行性，对任务方案进行优化；实施阶段，学生独立完成学习方案，教师可对有困难的学生进行指导；检测阶段，学生对学习成果自查后，教师再进行检查；评估阶段，教师客观地对学生的学习过程进行评价，学生总结经验，不断提高综合能力。

（七）任务驱动教学法

任务驱动教学法是以完成任务为导向的互动教学模式。任务驱动教学法以任务为中心，学生通过组内探讨和自主研究学习，最终完成教学。该教学法注重学生完成任务的质量，强调学生完成任务后的检查与评价，旨在帮助学生总结提高。

选取合理任务是任务驱动教学法实施的前提。教师制订任务计划时，不仅要考虑到任务的难易程度，学生能否自主完成；还要考虑到将任务与学科知识相融合，让学生通过任务的学习，将各学科知识建立联系，形成知识网络。此外任务设定要符合课程标准的要求，既要满足教学培养目标，又要做到培养学生的独立思考能力；同时，任务的设定要具有一定的创新性，能够激发学生的热情，帮助学生提高创新能力。

第四节　高中英语多媒体支架式教学模式设计

一、支架式教学模式与多媒体支架式教学模式

（一）支架式教学模式

1. 支架式教学模式的概念

"支架式教学"是建构主义者在发现学习和接受学习的基础上提出的，它是目前建构主义理论下一种比较成熟的教学理论。近年来，国内外专家和学者从理论和实践应用两大方面对其进行了大量研究，并取得了丰硕的成果。但是，截至目前，学术界对支架式教学的概念仍没有统一的定义。下面是一些学者对它的理解。

支架式教学最初是由美国著名教育学家和心理学家布鲁纳及其同事于1976年研究母亲是如何影响婴幼儿语言的发展的提出的："支架式教学是一种幼儿或新手在能力更高的他人帮助下实现其独自不能完成的目标任务的过程。"学者罗森塞恩等人指出，支架式教学是教师或者能力更高的同伴帮助学习者在其不能独自解决问题时提供支持和帮助的过程。学者迪克森等人提出，支架式教学是一种系统有序的支持过程，其包含着提示性内容、材料、任务等。斯南文认为，支架式教学是教师引导着儿童掌握、建构和内化所学知识和技能，以期达到更高水平的认识过程。

目前，对支架式教学定义比较有影响的是欧共体"远距离教育与训练项目"的有关文件给出的定义。文件指出，支架式教学是给学习者提供一种对知识的建构所需的概念框架，这种框架中的概念是加深学习者对问题的深入理解所需要的，为此，首先要把复杂的学习任务加以分解，以便于逐渐把学习者的理解引向深入。

尽管支架式教学理论的提出受到众多关注，但依然没有形成一致的观点。通过总结笔者得到了两种观点：一为教育理念说，二为教育策略说。

支架式教学模式是一种新型的、民主的教学模式，不再是传统的知识"满堂灌"的类型，教师提供支持和帮助，让学生达到既定目标，并且培养学生独立分析问题与解决问题的能力，让学生从被动学变为主动学。

2. 支架式教学模式的特点

（1）目的性

支架式教学模式强调目的性，教师布置的所有教学任务都有着共同的指向性，旨在提高学生的素质和能力。

教师为学生搭建的每一层支架都有对应的目的，教师会根据班级整体水平，建立学生可理解的知识结构，让学生不断进步，这些都是完成整体教学目标时必不可少的元素。

（2）灵活性

支架式教学模式注重灵活性，教师根据授课主题为学生灵活搭建学习支架。为了避免重复使用单一的方式，导致学习枯燥，教师可以灵活使用各种学习方式。在课堂的导入环节，为了使学生快速进入规定的学习情境，教师可以给学生搭建辅助的情境支架。

教师还可以给学生创设问题支架，让学生带着教师所提出的问题，学习课文知识内容。教师通过灵活使用多种支架，不仅能激发学生的学习兴趣，而且教学效果较好。该教学模式的灵活性要求教师对支架的搭建，需要依据学生学习的程度及水平来不断地调节，直到最后学生完成教师布置的任务。

（3）互动性

支架式教学模式注重互动性，包括师生互动和生生互动。教师在课堂上的互动可以充分调动学生的学习积极性。教师可以搭建学生感兴趣的问题支架或范例支架，进行师生互动或生生互动。学生可以一起讨论和解决问题。教师通过搭建脚手架，使学生掌握新的知识和技能，不断更新和构建知识体系。所以，课堂中的互动能让学生轻松愉快地完成教师布置的任务。

（二）多媒体支架式教学模式

多媒体支架式教学模式是建构主义学习理论下的一种新的教学模式。这种模式认为学习是获取知识的过程，知识不是通过教师传授得到的，而是学生在一定英语情境下，借助其他人（包括教师和学习伙伴）的帮助，利用多媒体所提供的各类学习资料，通过意义建构的方式而获得的。由于学习是在一定的英语情境下，借助他人及多媒体的帮助即通过人际间的协作活动而实现的意义建构过程，因此这种模式下，"情境""协作""会话"和"意义建构"是学习环境中的四大要素。而借助多媒体技术的特性有利于充分体现四大要素，为支架式教学模式在英语课堂教学中有效运用提供了必要条件。

二、多媒体支架式教学模式的教学环节

基于建构主义和最近发展区理论，学者提出了不同的教学环节。笔者认为多媒体支架式教学模式的教学环节包括搭建支架、进入情境、独立探索、协作学习和效果评价。

（一）搭建支架

作为整堂课的开端，搭建支架这一环节显得尤为重要。在搭建支架时，教师要充分考虑到学生的主体地位，坚持以学生为中心，从学生的最近发展区出发搭建有意义的支架，从而激发学生的学习兴趣和求知欲，并以此为基础引领学生进一步学习。

搭建支架的形式有许多种，教师可以根据教学任务的不同而进行设计和实施。例如，教师从问题入手，通过情境、图表、肢体语言、实物等方式将教学内容直观地呈现给学生，从而达到很好的学习效果。

在这一环节，学生的需求和学习现状是英语教师进行支架设计的依据。教师通过直观的视频搭建支架，不仅清晰传达了要引入的话题，而且极大地引起了学生的兴趣，学生比以往更愿意参与到话题中。就这样，教师利用多媒体支架式教学模式营造了愉快的课堂气氛。

（二）进入情境

在这一教学环节中，教师要着重体现情境教学的原则，也就是说教师要根据所学习的主题和交际内容来设置相应的情境。在情境的引导下，让学生身临其境，最大限度地调动他们的各种感官和情感来参与到教学过程当中。

引导学生进入情境的教学活动和方式多种多样。例如，教师给学生展示视频、图片、歌曲或者多媒体链接，把学生引入与本单元主题和交际内容相关的学习情境之中。但是要注意所选取的教学材料要真实，要与学生的日常生活没有太大的差别，要在学生的认知水平范围内，避免出现很多超出学生掌握能力的单词。

此外，教师可以在这一环节多次向学生展示教学材料，并且给予学生一些与主题相关的任务，如果学生不能独立完成任务，教师可以允许学生通过查阅课本和资料来完成。

（三）独立探索

独立探索是学生在共享集体思维成果基础上独立再认识的过程。在这一过程

中，教师通过使用多媒体提出一系列递进式的问题，使学生在回答问题的过程中自己探索文章的主题。

在此过程中，教师利用多媒体课件更清晰地展示问题，并在学生讨论回答后及时在课件上展示答案。这样既加深了学生对答案的印象，又提供了标准语言的示范。这些答案连在一起就可以探索到文章的主题。因而对于搭建支架引导学生独立探索文章主题，多媒体支架的作用也十分有效。

（四）协作学习

新课标中明确指出要以学生为中心，鼓励学生自主学习。在协作学习这一环节中，教学着重体现了合作学习的原则。与传统的教学方式不同，教师不再是课堂的中心，而是扮演引导者、控制者、信息提供者等角色，学生的主体地位则越发明显。教师组织学生在小组中相互学习，互为支架。经过上一环节的独立探索，想必学生还有一些没能独立解决的难题。面对这一现象，协作学习则为学生再一次思考问题、解决问题提供了机会。

在该环节中，教师根据不同学生的不同学习水平合理地将学生划分为不同的学习小组。小组成员需要使用英语进行交际，分享自己独立探索时得到的收获，并提出未能解决的问题，邀请小组成员共同解决。最后，小组内专门负责资源整合的同学作为代表向全班汇报该小组的学习情况。这样一来，学生不仅解决了自己的问题，还汲取了他人的资源，这有利于培养学生的合作学习意识，锻炼交际能力。

（五）效果评价

在经过独立探索和协作学习两个教学环节之后，大部分学生在一定程度上已经完成了教师所安排的学习任务。这时，为了让学生更加了解自己的优点与不足之处，就需要对学生得出的结果进行总结评价。

在这一教学环节中，教师不是唯一的评价主体，也不能采用单一的方式来对学生进行评价，而是要着重体现评价主体多元化的原则。在每个小组发言结束后，教师可以邀请其他小组进行互评，之后，全班同学都可根据评价结果表达自己的看法。最后，再由教师做一个总体的评价和补充。

在之前的教学模式中，学生也许并没有形成对别人或者自我进行评价的习惯。因此在该环节，教师要在多媒体的辅助作用下，创新教学评价的方式，关注学生的情感变化，鼓励学生开口表达自己的想法。对于学生的闪光点教师要多给予肯定和表扬，满足学生的成就感。在对学生的不足之处进行指正和补充时教师要注意用词，多以鼓励为主，不要打压学生，帮助学生建立自信。

第五节　高中英语信息技术辅助教学模式设计

一、信息技术辅助教学模式的内涵

信息技术辅助教学是新兴的教学模式，其运用网络，以视频的方式对学生进行教学。也可以说这是在电子教学模式下的一个新的创新与飞跃。

信息技术辅助教学模式的主要特点就是教学的时间比较短，大概是五到十分钟，这样极大地减少了传统课堂的焦躁与厌烦。由于信息技术辅助教学的教课时间短，所以讲授内容比较精练，借助视频体现课本中极其重要的知识点，改变了传统教学中笼统讲授的方式。

信息技术辅助教学的出现，给教学注入了新鲜的血液，同时也积极地影响着高中英语课堂的教学，极大地激发了高中生对于英语学习的兴趣。

二、信息技术辅助教学模式设计的策略

（一）基于信息技术的课堂教学策略

1.游戏化教学策略

运用多媒体技术能够为英语教学提供较为真实、自然的环境，调动学生的积极性，引起学生求知的欲望，从而有利于学生英语水平的提升。例如，在英语教学过程中，学习 in、on、under 等方位介词时，教师可以利用多媒体课件以动画的方式呈现，清晰明了、生动有趣。讲授英语单词时，教师可以利用动图、音频的形式展示单词并不断循环出现，刺激学生的视觉、听觉等多种感官记忆单词，再采用补全单词的形式练习单词，使得记忆单词变得直观有趣。

2.分层教学策略

在英语教学活动中，教师要了解学生的学习状况，设计教学活动要尊重学生的个体差异，尽量做到因材施教，教学活动层次化，有难有易，最大限度提升课堂效率，使得不同层次的学生获得成功的体验。信息技术对分层教学的支持体现在课前预习和课后复习方面。

互联网上拥有海量学习资源，教师在备课过程中依据不同层次学生的实际情况，选择适合的学习资源供学生课前预习和课后复习。信息技术可以实现动画、图片、声音等同步，趣味化的学习资源促使学生自主进行课前预习和课后复习，提高学生学习的积极性，帮助学生在各自的最近发展区得到最大潜力的发挥。

课堂上应用多媒体技术可以使各层次教学内容同时显示，提问和引导回答相结合的课件，能够节省讲授新课的时间，使不同层次的学生掌握学习内容，提升教学效率。练习知识点时，教师依据学生的不同水平，设置不同的练习任务，学生依据自身水平先选择适合自己的任务，正确无误后再尝试挑战更高难度的任务，闯关式的练习更容易激发学生的学习动力。信息技术与分层教学的结合，兼顾各层次学生的发展，既培养了学优生的自主学习能力，又推动了学困生知识储备的增加。

（二）基于信息技术的自主学习策略

随着互联网的发展，移动学习软件种类增多，不仅为学生学习英语提供丰富的学习资源，而且为学生自主学习提供了客观条件，同时满足了学生个性化学习的需求。教师不仅要注重传授给学生知识，更要注重提升学生的学习能力，教师基于信息技术培养学生自主学习的能力，为学生终身学习打下基础。

1. 自学词汇策略

单词是构成句子的基本单位，掌握词汇是学好英语的必要前提，然而有些学生存在单词不会读、记不住的问题，因此在英语教学中，需要解决的问题之一就是词汇问题。

在实际教学中，教师应鼓励学生利用碎片化时间运用移动设备提前学习词汇，比起传统的纸质书籍记单词，移动设备同步课文、提供发音、设置闯关、及时测试、反映测试结果，更有助于激发学生对于词汇学习的兴趣，有利于培养学生自学单词的习惯，进一步降低课堂学习难度。课堂上教师运用多媒体以图片、视频等形式展示词汇，反复重复，加强词汇记忆，并以竞赛、游戏、你比我猜等形式激发学生学习的动力，充分体现以学生为主体。英语词汇从认识到充分掌握需要经历识记、维持、回忆、复习的过程，课后运用移动设备及时复习单词，帮助学生强化记忆，提高词汇记忆效果。

2. 微课助学策略

微课采用大量的图片、动画、声音制作而成，直观清晰，生动形象，更易于学生接受，并具有短小精悍、可重复播放的特点。一方面，教师可以将微课运用于学生课前预习，连接新旧知识点，更易于学生理解知识点，为新课做好准备。另一方面，教师可以将微课用于讲解重难点或者给基础薄弱的学生查缺补漏。教师提前将微课上传到作业登记簿，设置相应的习题，以方便学生课下利用碎片化时间反复观看和练习。

　　除此以外，课上教师可以运用微课导入新课，增加课堂趣味，吸引学生的注意力，更好地引出学习话题。学习是一个互动的过程，教师可以建立微信互助群用来答疑解惑，学生在观看微课的过程中，遇到不理解的知识点，可以通过微信平台及时寻求教师或同学的帮助。学生在学习微课以及获得教师的帮助过程中，体会到教师的关爱，体验到学习的快乐，获得学习动力，更重要的是培养和锻炼学生的学习能力。

第六章　高中英语课堂教学要素设计

英语课堂教学是一个由诸多要素相互作用而构成的多维系统，为了追求高质量的英语教学，需要对高中英语课堂教学要素进行优化整合。在遵循各要素之间不同特点的基础上，科学合理地运用各要素的特殊功能，对英语课堂各要素进行合理设计，从而实现高效课堂。本章分为高中英语教学设计的步骤、高中英语教学情境的创设、高中英语教学过程的设计、高中英语教学评价的实施四部分。

第一节　高中英语教学设计的步骤

一、教学设计的概念

设计是一种常见的社会活动，它是人们按照任务的目的和要求，预先制定出工作方案和计划的过程，它广泛运用于社会的各个领域，如工业、建筑、服装设计、软件设计等。教学设计中的"教学"二字规定了设计的领域，指的是在教育实践中，教师为确保教学工作的顺利开展、促进教学目标的有效实现而精心进行的计划、准备工作。关于什么是教学设计，国内外比较有影响力的定义如下。

美国教育心理学家加涅认为教学设计是一个系统化规划教学系统的过程。

学者拉根指出教学设计是将学习与教学的原理转化为教学材料与活动的具体计划的系统化过程。

国内学者乌美娜认为教学系统设计是运用系统方法分析教学问题和确定教学目标，制定解决教学问题的策略方案和对方案进行修改的过程。

以上定义表明，教学设计的主要目的是在教学理论和教学实践中搭建桥梁，从而改善教学，提升教学质量，这里将教学设计界定为"教师基于学生特征，运用系统方法，设定教学目标，确定教学内容，制定教学实施方案、试行方案、评价方案及调整方案的系统化过程"，包括计划、实施、评价和调整等因素。

二、英语教学设计的具体步骤

（一）教材设计

高中英语教学设计要符合课程标准的要求，全面体现其理念。教材是教学的载体，新课程标准提倡"用教材"而不是"教教材"。教师要分析教材，灵活处理教材，创造性地使用教材。

（二）确定教学目标

高中英语课程标准确立的教学目标包括语言能力、思维品质、文化意识和学习能力等学科核心素养。通过对英语学科的学习，学生能达到该学科下核心素养的学习目标。

语言能力目标：具有较好的英语语感能力和语言表达能力，理解口语化和书面化的含义，能够自动辨别其字面意思，学会恰当地使用口头语和书面语进行自由交流和交际。

思维品质目标：能有效梳理并提炼英语学习中的关键点，辨析并判断要点之间的逻辑关系，建构新概念，敢于自我评判，具有创造性和多元性的思维意识和能力。

文化意识目标：习得并理解文化常识和其内涵，了解不同文化的差异变化，取其精华。坚定文化立场，增强自信，具备一定的跨文化沟通和弘扬优秀文化的能力，有正确的价值观。

学习能力目标：掌握一定的英语学习方法和本领，能及时获取学习资源，优化学习策略，监测学习内容，提高自主学习能力。

（三）确定教学重点与难点

教学重点是根据教学目标确定的，教学难点是根据学生的实际情况确定的。教学重点是教学中的重要内容，是课堂教学中要解决的主要矛盾。教学难点是指结构复杂抽象、较难讲解清楚、学生较难理解或容易产生错误的那些知识、技能和方法。有些内容既是重点又是难点，有些内容是难点但不是重点，而有些内容是重点但非难点。

（四）教学流程设计

教学流程主要包括以下几方面。

第一，课前准备。

第二，呈现新知识。

第三，课堂操练。

第四，巩固拓展。

第五，知识小结。

（五）布置作业

作业或家庭作业在当今新课程理念下已不是"单一的抄写或默写"任务了，它不仅仅是语言知识的抽象记忆，更多的是对课堂学习内容的深化。教师布置作业时，一定要注意口头与笔头的结合、语言知识与语言应用的结合。

（六）使用教学媒体

教学媒体是传递教学信息的重要工具，包括教材、投影、实物、电视、录像等。在教学中合理使用教学媒体，可以提高教学质量；相反，单纯为了使用而使用，只能是画蛇添足。因此，教师要注意选择适当的媒体，根据教学对象选择媒体，有效地、适时地呈现教学信息。

第二节　高中英语教学情境的创设

一、教学情境的概念及要素

（一）教学情境的概念

不同学者对于教学情境的内涵有着不同的理解，其相关论述如表 6-1 所示。

表 6-1　不同学者对教学情境概念的相关论述

年份	作者	主要观点
2004	刘知新	教学情境是指知识在其中得以存在和应用的环境或活动背景，学生所要学习的知识不但存在于其中而且得以在其中应用。此外，教学情境中也可能含有社会性的人际交往
2004	耿莉莉、吴俊明	教学情境是一种特殊的环境，是教学的具体情境的认知逻辑、情感、行为、社会和发展历程等方面背景的综合体，具有文化属性

续表

年份	作者	主要观点
2013	张小菊、王祖浩	情境通常是指教学情境或学习情境，是指教师在教学过程中运用各种手段和方式创设的一种适教和适学的情感氛围，从而为完成教学目标和任务奠定基础
2014	陆建军、赵铭、赵华	教学情境有广义和狭义之分。广义教学情境应该是指教师经课前预设，设计出与教学内容相关联的具体或抽象的师生活动、思维、思辨的场景。狭义教学情境是指教师围绕某个主题，并结合学生既有认知，促使其引发联想或产生问题，激发认知冲突，激活思维内核等，而设计的一系列师生共同活动的课堂场景，它可以在课堂开始前、课堂中、课堂结尾处，也可以贯穿整个课堂始终
2016	邱美珠	广义的教学情境是指宏观的具有特定情感的环境，是学生主体获取、理解和应用知识以及交流、沟通等的文化环境。狭义的教学情境是指在课堂这种特殊的环境中，教师根据教学的内容和学生的实际，为落实教学目标有目的地引入或者创设的，作用于学生并引起积极学习情感反应的教学过程

可以看出，目前教育界对于教学情境的概念并没有统一的界定，但存在一定共识。对不同学者的主要观点进行分析，可以发现课堂上的教学情境对于教师而言是为了完成特定的教学任务而创设的非真实的情境，能够传递教学信息；对学生而言能够为学习活动提供背景或环境，引发认知冲突，进而产生情感体验。

（二）教学情境的要素

1. 教学情境的外显要素

为了给教学情境创设提供更加具体可操作的分析框架，笔者对教学情境的外显要素与内涵要素进行提取与整理。外显要素与内涵要素以教学情境结构中归纳出的课堂表现、教学设计、问题空间三个维度为基础，成为更加具体的分析要素，以期能够更细致地对教学情境的外显形式与内涵特征进行阐述。

教学情境的外显要素是指与教学情境有关的能被直接观察到或被师生直接感受到的外在的事物。它可以通过观察课堂情境获得，也可以通过教师对教学情境创设的文字记录获得。这样教学情境创设的外显要素就体现在实际课堂教学过程与教师的教学设计方案中。

具体来说，这些要素最直接的体现是在课堂观察过程中，教师在创设教学情境时使用了什么资源，通过怎样的形式呈现教学情境。关注教学情境呈现方式的原因是教学情境实际上与真实情境有所不同，出于教学的需要，加之课堂环境的限制，教师需要借助一些媒介来呈现创设的教学情境，使创设的教学情境能在一定程度上展现真实情境，发挥教学情境应有的功能。这就构成了教学情境的外显要素——情境表征。除此之外，课堂上能直接观察到的还有学生在教学情境中进行了哪些学习活动，这是教学情境的另一个外显要素——学生活动。

在教学设计方案中获取到的外显要素主要来自教师在其中提及的教学情境创设的目标和具体的情境活动过程。教学目标的指向是教师选择情境创设的形式与内容时最主要的影响因素。因为情境创设的形式要能够更好地呈现内容，而内容的选择必须和教学目标相关联。因此，教学目标作为比较外显的能直接分辨的分析对象也成为教学情境的外显要素之一。

具体的情境活动过程在教学设计里体现的是情境活动的应然状态，想要描述其实然状态，还需回到课堂，观察情境活动实际是怎样的，这就是前面提到的学生活动。此外，结合体现在教学设计方案中的关于情境创设的整体描述，就教学情境创设的核心要素——问题空间而言，还能够看出教学情境是否营造了问题空间，也就能够初步分辨出教学情境是问题情境还是非问题情境。显而易见的是，问题情境相较于非问题情境而言能够更好地发挥教学情境的功能，因此，在进一步分析高中英语教学情境的内涵时，主要关注问题情境。

综上所述，教学情境的外显要素有情境表征、学生活动、教学目标、问题空间四个，包括了情境、学生、教师这三个主要的情境教学要素。情境表征与学生活动属于教学情境的课堂表现维度，而教学目标与问题空间属于教学设计维度。

2. 教学情境的内涵要素

教学情境能够发挥作用的关键就在于情境为学生学习所营造的问题空间，由此，问题空间成为教学情境的内涵所在。有学者对教学情境的问题空间进行了定义，认为这种问题空间来自情境为学生提供的英语学习的重要场域——"实习场"。同时提出问题驱动的"实习场"设计有三个关键要素：问题、目标、资源与工具。这三个关键要素就是教学情境内涵要素的来源。

一是问题。"实习场"中问题的意义在于让学生在解决问题中学习。一个有效的问题应该能够为学生提供合适的探索空间，这意味着在探索过程中，学生应既能掌握规定的知识与技能，又能进行深入理解和知识拓展。问题贯穿于"实习场"中，是被学生所直接理解并思考的，因此属于学生与英语知识互动过程中比较外显的要素。

这里的问题既是为了模拟出真实生活中能够碰到的问题，也应更倾向于在真实生活或自然状态下大量存在的劣构问题。然而，有学者在分析课例时发现，在实际课堂中的问题并不全是劣构问题，而是在属性上存在多种类型。问题的属性影响着情境作用的发挥，因此，问题属性成为分析高中英语教学情境创设内涵特征的要素之一。

二是目标。教学情境在目标上呈现的特征集中体现在课堂实录和教师的教学设计方案中，与其他两个要素相比属于外显的要素，因此归纳为教学情境的外显要素，在内涵部分不做详细阐述。

三是资源与工具。资源与工具是学习活动顺利进行的必要支持，在"实习场"中起到了重要作用。在高中英语课堂中，资源主要指帮助学生有效学习的相关资源，工具则是指以脚手架为代表的认知工具。

除此之外，在外显要素中已经关注到了学生的外显活动，要看教学情境究竟有没有发挥实质性的功能，就需要在内涵层面关注到作为主体的学生的认知活动。学生的认知活动是其与知识进行互动的内在体现，学生在认知方面是否发生了认知冲突或概念转变，也是教学情境的内涵表现即问题空间的关键要素。学生的认知冲突是指其在课堂上面对新的概念，发现和已有的知识经验之间的不一致时，导致已有的认知结构有所"失衡"。

综上所述，对于高中英语教学情境创设的内涵特征，是围绕其本质——问题空间，从问题、认知活动、资源与工具三个方面进行分析的。

二、高中英语教学情境创设的意义

（一）有利于调整教学行为

在教学活动中，教师是课堂的设计师，因此，教师的情境创设能力对推进课堂教学至关重要。

要想创设良好的教学情境，教师需要学习教育理论、明确课程目标、掌握教学重难点、分析学生学情、学会借助信息技术、提升课堂表现力等。可见，在高中英语课堂中教师不断尝试调整情境教学，有利于提升情境创设能力。生活中的任何活动都是需要在不断总结和反思中获得进步的，对于教学活动也不例外。

教师的成长需要基于自身的教学经验，对自己的教学活动进行全面性的反思和总结，在情境创设后不断进行自我诊断，从而实现调节课堂教学行为达到教学最佳状态。英语教师对教学情境的预设和生成进行对比，并对课堂教学与课后反思深入总结，有利于教师提升情境创设能力，提高综合素养。

（二）有利于提升教学效果

教学情境是打造生动课堂的突破口，创设教学情境不仅有助于调动学生在课堂中的情绪，激发学生课堂参与的积极性，而且有利于活跃课堂氛围，提升课堂教学效果。

一方面，教学是教与学的活动，师生之间的互动是可以相互影响的。在情境氛围渲染下，学生以高度的热情融入情境，同样能刺激教师以自信的状态投入情境创设。这在一定意义上有利于改善传统课堂氛围低沉、教学效果差的局面，从而提升英语课堂教学效果。

另一方面，因为任何的课程理论都是在实践中不断摸索与发现、在分析与解决问题中得以发展和完善的，所以提升高中英语课堂教学实效也并非一蹴而就，需要在教学实践中不断总结经验。一线英语教师在课堂中尝试情境教学模式，为课程改革和建设提供可行的教学方法，教育工作者在教学实践中不断发现问题、改进不足，从而有利于推进高中英语课程的改革和建设。

三、高中英语教学情境创设的原则

教师创设情境可以多种多样，但是这并不意味着随心所欲，因此要遵循科学的原则，这样创设的情境才更有利于展开教学活动。

（一）真实性原则

教学情境源于生活，应该是实际生活中真实发生或者可能发生的，而不是教学为了完成教学任务而人为编造的，这种情境不具备科学性的原则。因此，哪怕是模拟的情境，也应该是现实生活中经常发生的，比如课堂上经常呈现的交际对话情境，虽然说在课堂上是模拟的，不够真实，但是在生活中是真实发生的，所以算作是一种模拟的"真实"情境。而只有学生的学习过程建立在真实可信的现实情境中，学生才能将所学的知识和技能应用于未来的学习和生活中。

（二）适度性原则

教学情境并不只是简单的故事或者虚假的可能，而是要符合学生成长规律以及认知发展规律等，还要在学生能够接受的范围内布置相关的问题，这样才能够帮助学生在真实情境里面对问题，发现、分析、解决问题。所以教师要根据学生的兴趣爱好、能力范围创设情境，只有学生看得懂、真体验，才能感触更深，通过在课堂上直观地分析，才能跟上教师的思路更好地去解决问题。因此，教师创设情境，应该把握好情境的适度性，情境不在于多，而在于要充分挖掘一个情境所蕴含的教学内涵，充分发挥其应有的功效。

（三）探究性原则

情境创设是丰富多样的，情境创设应具有灵活性。如果教学中的情境创设形成固定、单一、程序化的模式，久而久之，学生心生厌倦，很难赢得他们的欢迎和喜爱，情境创设则将失去激发学生学习兴趣的作用。

一堂生动有趣的英语课能够激活课堂气氛，从而调动学生学习的积极性。在教学中，探究学习比注重知识传授的接受学习更能激发学生的学习兴趣。

尽管探究学习比接受学习花费的时间和精力多很多，但是这对学生的成长是很有必要的，学生有乐于探究的兴趣，积极主动地参与到探究活动中去，还能培养其创新思维，这对今后更深层次地学习很有帮助。因此，教师在教学情境创设的过程中要多挖掘适合学生探究的情境。在创设情境时，可根据不同的学生对象、不同的教材内容、不同的教学手段、不同的教学过程选择和组织不同的教学情境。这样，学生学习的情境是鲜活的，是不断发展变化的，学生学习的热情也会随着情境的变化而不断高涨。情境的创设对教师提出了更高的要求，需要教师不断学习理论知识、先进经验，深入钻研教材、了解学生，精心设计教案，不断创造和更新。

（四）针对性原则

每一门学科都有各自的学科特点，教师在上课的时候要认真研读新课标的要求以及本节课的教学目标，无论是选取的案例还是素材都应该紧扣教学目标和教学设计理念，尤其是在创设情境的过程中要做出慎重的选择。因为创设情境的目的是更好地服务于教学，因此教师在创设情境的时候一定要具有针对性，根据每一本书、每一科的要求而进一步去做出选择。这样的教学效果才是比较好的，而不是提倡新理念而导致脱离教材以及学生的实际情况，这是不可取的。总的来讲，这是值得教师关注的问题。

（五）启发性原则

创设情境的目的是为教学服务。通过让学生亲身体验，激发求知的欲望，从而使学生渐渐形成思考问题的维度和方向，这也对后续的知识学习有所帮助，从而使教师教有所引而学生学有所成，这是创设教学情境的主要目的之一。

因此，教师在创设情境时要善于从学生的角度出发，确保所创设的情境能够激发起学生强烈的兴趣爱好或者求知的欲望，将学生带入情境中去，在情境中发现问题、思考问题，进而去解决问题。

（六）经验性原则

教学情境的创设要基于学生的共同经验，在学生已有的知识经验基础上找到新旧知识的"生长点"，让学生感受到问题所带来的认知冲突，引起进一步探究的兴趣。建构主义学习理论指出，学生对新知识的学习是在其原有经验基础上主动、积极构建的过程，这意味着学习要考虑学生的已有知识经验，并且还应利用这些原有的知识经验理解和构建新的知识。

皮亚杰认为学生在接受新知识的刺激时可能发生两种变化，一种是利用自己的旧知识将新知识整合到自己的认知结构中，这称为同化，还有一种是旧知识在新知识的影响下发生变化，进行重组，这称为顺应。明确这一点对教学情境的设计十分有意义。因此，教师要根据学生具体的经验，选择情境素材灵活地进行教学设计。

（七）整体性原则

教学情境创设要遵循整体性原则，也就是要做到有"始"有"终"。不难发现，在很多英语课上都会出现这样的现象，教师在新课导入的时候会精心设计教学情境以便过渡到本节课的教学中，接着创设的情境就被丢在一旁，不再提及或者做出解释，后面的教学与创设的情境完全没有联系了，这就是有"始"无"终"。教学情境仅流于表面，作用不大。

教学情境不应该只在讲解新课前发生作用，它应该在整个学习过程中都起着调整学生的认知活动、情感活动和实践活动的作用，贯穿于教与学的全过程。

四、高中英语教学情境创设的优化策略

（一）提高教师的情境创设能力

能力是教师专业素质与教学水平的重要体现，一般来讲，高中英语教师的

情境创设能力主要包括情境设计能力、语言表达能力、课堂组织能力和知识总结能力。

1. 提高情境设计能力

情境设计能力是教师情境创设能力的重要指标，也是教师专业素养的重要体现。教师要拥有高水平的情境设计能力，需要具备足够扎实的专业知识，并对教育学、教育心理学进行深入研究，这有利于教师在设计情境时更科学有效、更加游刃有余。

一般而言，教师的情境设计能力主要包括教师课前对情境创设目标的把握、对情境内容的选择、对情境问题的设问、对情境结构的设计。

（1）明确情境创设目标

教师在教学理念上要重视将核心素养融入情境设计中。核心素养的培育在课堂教学情境创设中具有引领作用。教师只有在课前深入分析教材结构，明确课标要求，才能精准确立创设目标。高中英语课教学目标应将英语学科核心素养凝练在课堂教学活动中，教师作为课堂情境创设的"设计师"，需明确理解核心素养目标的具体内涵，在目标引领下精心设计情境活动。

（2）精选多元情境内容

根据分析可以认识到教学情境是由不同元素在不同条件下组合而成的场景，不同的情境类型、不同的情境素材结合会产生不同的效果。每一个教师都是自己课堂的设计师，并且是一个懂得生活的设计师。课堂教学情境创设好比设计师精心设计作品，教师要思考选择怎样的装饰物才能在课堂上呈现出较好的效果。

针对高中英语不同单元的知识目标需要选择不同的情境类型。对于教学情境的创设而言需要英语教师具备较高的设计操作水准，能够选择切合学生学情的最优情境类型或内容，从而调动学生参与课堂的积极性，构建生动有趣的课堂。此外，为了更充分地调动学生参与情境活动的积极性，英语教师在尊重学情的基础上可适当引入本土素材。

在高中英语课堂教学情境创设中引入本土文化资源不仅可以丰富情境内容，吸引学生的注意力，还可以为学生搭建情境与知识之间的桥梁，有利于帮助学生理解学科知识。

（3）巧妙设计情境问题

英语教师在课程目标指引下结合学生实际精选了教学情境内容之后，下一步应思考如何结合学生实际巧妙设计问题，将情境与知识恰到好处地衔接。情境问题好比纽带，能够将不同节点的情境有序关联起来，亦能在课堂上创造悬念，点燃学生思维的火花。

一方面，要结合情境内容设计有价值的问题，一节课的课堂设问不在于"量"而在于"准"，主要指教师针对情境所提的每一个设问都要有它该有的价值。例如，教师可结合学生的兴趣设计能引发学生思辨的"争议性问题"，实现"生生互动"。另一方面，要能将情境问题组成一个循序渐进的"问题链"，构建任务型问题。这要求英语教师设计的情境问题不仅要与学科知识紧扣，而且要关注问题前后的逻辑关系，启发和引导学生在情境中独立思考、合作探究，从而解决问题。

（4）创设多维结构化情境

高中英语课堂情境创设应是一个多维完整的系统，而不是简单情境的拼接，不是教师呈现情境、学生被动接受的课堂模式，而应是一种探究性、建构性的创设活动。为了优化教学情境创设，需要构建情境与情境之间的生态关系，创设多维结构化情境。

一方面，可以设置对比情境，将同一个条件下不同结果的情境置于学生面前，突出情境辨析，引发学生思维碰撞。通过对比情境更能强化学生的课堂记忆点并增强学生的情境体验，驱动整个课堂节奏，使学生在辨析中提高学习能力。

另一方面，可以选择运用多维结构化情境教学。教师可根据教材内容围绕课程目标设置主题，形成系列结构化情境，并引导学生收集、分析、讨论、探究，从而使学生获得知识、培养能力。

2. 提高语言表达能力

作为一名教师，需要提升自身的语言魅力，如语言要生动形象，语调要抑扬顿挫，富有感染力等，只有这样才能打开学生的情感世界，实现情感共鸣。

第一，教师的语言要生动形象，使学生仿佛身临其境。在课堂教学时，教师运用生动形象的语言，激发学生学习的兴趣，调动学生积极参与，从而使课堂气氛变得生动有趣。例如，教师在教学中，可以运用生动贴切的比喻美化情境内容，利于学生更好地理解和内化知识。

第二，教师的语言要具有感染力，加强对情境氛围的渲染。教学情境的创设需要触及学生的情绪和精神领域，从而把学习活动变成学生的精神需要。

为了营造具有渲染力的情境，教师在情境创设时要注重自身的语气语调，讲究抑扬顿挫，凸显语言魅力。教师的语言要具有感染力，这样能够触发学生的情感共鸣，就好比一个个跳动的节拍组成一首动听的音乐。教师要善于捕捉学生的情绪反应，运用语言魅力将课堂节奏推向高潮，强化学生的情感体验，在情感的最高点触发情感升华。因此，教师在创设情境时要注重提升语言魅力，抓住时机促成情感升华。

3. 提高课堂组织能力

高中英语课堂教学是一场师生双向互动、动态生成的活动，教师课堂组织能力如何会直接影响课堂情境创设的效果，教师的课堂"表演力"是营造情境氛围的重要因素。教师提高课堂组织能力的主要方法有以下几种。

一是教师在创设活动时要能有序组织课堂秩序，合理安排各教学环节并能组织引导学生依次有序展示，维护好课堂纪律，保障情境有效生成。

二是教师在组织情境活动时遇到"冷场"学生没有回应反馈时，要学会调节方法，积极调动学生参与情境，推动情境有效生成。

三是遇到课堂现场的情境生成与课前预设不一致的突发情况时，教师要学会冷静处理，提高临时应变能力。

四是教师要懂得对学生的课堂表现给出积极的回应，对于表现突出的学生要懂得赏识，对于表现欠缺的学生要适当鼓励，积极引导。

综上所述，教师在教学情境创设时要统筹协调各环节之间的联系，合理有效地开展课堂教学。

4. 提高知识总结能力

新时代，习近平总书记向全国教育工作者提出了新的要求，要求广大劳动者要脚踏实地、目光长远、勤于思考、善于总结。这些新的要求也是英语课教学情境创设与新课程改革的新规范。

具体来讲，英语教师要有善于总结的能力，一堂课在课堂的结尾没有课堂小结，那么这不算是一堂成功的课。尤其是在英语学科中，选择情境和在情境中讲好故事固然重要，但是情境的总结和升华是必不可少的。学生在完成情境活动之后看似热闹，也很活跃，但是很多时候对于知识点是不能够很好地抓住的，这就要求教师在应用情境上课时善于总结知识点，这样才能更好地展现情境和运用情境。

（二）调动学生参与情境的积极性

为了激发学生课堂参与情境的积极性，实现师生共创有效情境的积极效果，教师可引导学生课前自主预习，提前了解学科知识与情境背景；教师可鼓励学生勇于展现自我，增强学生的自信心。

1. 引导学生课前自主预习

教学是一场"教"与"学"的双向活动，教学情境创设不是教师的个人活动，而是教师与学生共同参与的教学活动。情境创设的对象是学生，学生在课堂上的参与度会影响情境创设的效果。为了在课堂上更顺利地推进情境的开展，丰富学生的学科知识，达到教师课前预设的理想效果，教师可在课前印发导学案，引导学生自主预习和搜集资料。

首先，在导学案中梳理出本节课的知识体系，可以以填空或问答题的形式，让学生根据教材完成预习任务，提前了解学习目标以及核心素养要求，并初步构建知识体系。这样，学生带着"知识体系"听课，可以有效避免学生因"听不懂"而无法互动的现象，在课堂上更容易跟上教师的节奏，有利于形成师生积极互动的局面，增强学生的课堂参与感。

其次，教师可充分利用信息媒体的优点，让学生通过网络渠道了解相关背景，丰富学生对世界的认知经验，提高学生学科知识的文化底蕴。这样，教师在课堂创设情境时可以有效减少学生"冷场"的局面，利于推进课堂情境创设，增强学生的情感共鸣，提升课堂教学实效，促成核心素养的生成。

2. 鼓励学生勇于展现自我

教学情境创设需要教师与学生共同参与，学生课堂参与度会直接影响情境创设的效果。

首先，教师转变教学理念，打破单向"灌输"情境的教学模式，充分尊重学生、相信学生，把更多的课堂发言时间留给学生，给学生更多发言展示的机会，形成师生共同参与情境的课堂模式。

其次，教师要在情境氛围下鼓励学生勇于表达观点，积极分享学习成果。在情境创设中需要学生参与情境互动，只有这样才能营造情境氛围。教师要有意识地引导学生提高课堂表现力，鼓励学生积极展示小组合作学习成果，从而推进课堂有序开展。

最后，教师在情境创设过程中要激发学生的好奇心与求知欲，鼓励学生勇于发现问题、敢于质疑，树立批判精神。

（三）完善学校情境创设的保障机制

学校要为教学情境创造积极的外部条件，学校要提高对情境教学的重视程度、健全教学评价机制以及完善情境创设硬件设施，为教师情境创设"保驾护航"。

1. 提高对情境教学的重视程度

随着新课程改革的推进，教师的教育教学理念也应随之更新，每一名教师都应当成为"学习型"教师。学校作为教师专业成长的背后支撑力量，可积极为教师的成长搭建平台，提高对情境教学的重视程度。特别是在核心素养背景下，新课程、新理念、新教材对于许多教师来讲都是一个不小的挑战，学校可为教师提供多元化的学习机会。例如，学校可以邀请国内知名学者专家来校与学校教师交流，让教师明确当前新课程改革的现状与方向，掌握情境创设的方法与技巧，增强对核心素养的认识，丰富教师的情境教学理论知识。

此外，为了践行理论与实际相结合原则，学校可积极打造以"情境教学"为主题的优质示范课展示活动，邀请一线优秀教师来校授课、评课，共同交流探讨课堂教学情境创设的价值，让学校教师有效学习在新教材背景下如何运用情境促成学科核心素养的生成。因此，学校要有计划、有方向地为教师的专业成长搭建平台，提高对情境教学的重视程度，促进教师更新教学理念，从而促成核心素养生成落地。

2. 健全教学评价机制

教学评价机制会在一定程度上影响教师的教学行为，对课堂教学具有调节功能。新课程改革强调要改变传统单一的知识性评价，构建发展性评价。学校要打破传统"重知识"的课堂评价模式，在课堂效果评价中多关注课堂师生互动关系和核心素养的生成，从评价机制上发生改变，转变教师的课堂行为。

第一，在对课堂教学进行评价时，可适度引入"教师教学情境创设"维度，综合衡量教师课堂情境创设的效果与水平，如创设的情境内容是否贴近目标与学生、情境问题是否积极有效等。这样教师会越来越注重情境运用的重要性，从而提升情境创设效果。

第二，在教学质量评价方案中，评价维度要更加立体化，评价方法要更加开放化，不仅要注重结果性评价还要关注过程性评价，还要加强对学生的课堂参与性和发展性的评价。学校应改善教学质量评价方案，关注核心素养的生成。例如，在学校设定的教师考核方案中，除了原有的以期末成绩为标准，还应合理加入对教师课堂教学能力的评价。学校领导可对教师进行随机听课，对教师课堂上的现场情境创造能力与核心素养落实情况打分，并加入教学质量评价体系中，使得评价更加科学化，全面衡量教师的专业素质与教学能力状况。

3.完善情境创设硬件设施

放眼教育领域，将信息技术所具有跨越时空、资源共享、信息交互的特点应用于教学是未来教育发展的必然趋势，是新时代培养高素质人才的有效手段。结合高中英语学科的特点，教学情境创设应当充分发挥信息技术助力教学的优势，利用信息技术可以把"现实世界"引进课堂，使学生获得较为直观的体验，激发学生课堂学习的兴趣。

首先，学校要保障基本的媒体设备可用，如视频播放、图片展示、投影等。教师在课堂上充分运用信息媒体的输出功能，吸引学生融入情境，增强学生的情境体验。

其次，学校要推行信息化教室，为教师情境创设创造条件，为情境创设与核心素养的有机结合搭建平台。学校可以在学生座位上安装平板设备，有利于在课堂上打破时空限制，让教师随时随地与学生分享情境资料，实现云资源及时共享。例如，现在很多学校在教室安装一体机，教师在课堂上可以轻松方便地调取各种网上的信息资源创设情境，有效实现课堂资源共享。因此，学校要多维度、多视角地打造信息化的课堂，凸显信息技术与情境创设融合的魅力，为教师进行情境教学创造条件，从而促成核心素养目标的实现。

第三节　高中英语教学过程的设计

一、英语教学过程设计的原则

教学设计是一门科学，有自己的规律，需要合理的方法；教学设计也是一门艺术，不同教师根据自己不同的特点，进行个性化创造性的设计。无论从什么角度出发，英语教学过程设计都要遵循以下几条基本原则。

（一）教师主导—学生主体原则

"教师主导—学生主体"原则是指，在进行英语教学过程设计时既要发挥教师的主导作用，又要突显学生的主体地位，要以促进高中生语言能力和核心素养的发展为出发点对教学过程进行整体设计，达到"主导—主体"的辩证统一。在英语教学过程中，各个环节的落实都离不开教师的主导作用，而学生的发展始终是开展英语教学的着眼点。

在英语教学过程设计中，高中英语教师应当坚持以学生为本，坚持为高中生建构真实语境、组织多样化的学习活动、设计多元化的学习评价等，促使学生保持较高的学习动力，形成积极的学习态度，成为学生实现英语学习目标的引导者和促进者。

（二）整体性原则

整体性原则是指在进行英语教学过程设计时，要以系统、科学的方法为指导，对英语教学系统进行整体性的规划与安排。高中英语教学活动的各要素并非简单、孤立地组合在一起，而是一个完整的、有机的共同体，只有当各个要素达到和谐统一时，英语教学才能取得最优效益。所以高中英语教师应从整体出发进行英语教学过程设计，用系统的方法对英语教学的各要素做出分析和判断，确保英语教学过程设计的科学高效。同时，英语学科作为语言文化类课程，具有综合性，更需要教师对教学过程进行整体设计，才能使学生系统地掌握知识，提高学生的核心素养水平。

（三）开放性原则

开放性原则是指在进行英语教学过程设计时，要设计开放性的教学内容、教学形式、讨论主题、练习和评价等，将英语教学和英语教学实施的途径视为一个开放的系统，给予学生积极思考、探索、表达和创新的空间，鼓励学生敢于质疑、敢于批判、不迷信权威，促进学生独立思考能力和创新思维能力的发展。

开放性的高中英语教学过程设计，注重知识与学生实际生活的联系，为学生提供感兴趣的讨论话题，帮助学生开阔视野、增长知识；教学活动更加注重学生自主探究，关注培养学生的发散思维能力；教学评价更注重综合多元化评价主体和多样化评价形式与内容，帮助学生培养语言意识，提升英语水平。

（四）创造性原则

创造性原则是指教师要创造性地设计和运用教学活动实施方案。现阶段的英语教学具有复杂性和多样性，高中生是有着丰富差异性的个体，加之现实生活中的各种因素也处于不断变化和发展之中，因此教师难以预见所有的教学情况和可能出现的问题。

高中英语教师要根据具体教学目标、不同的学习需求和学生认知特点等，创造性地设计并灵活地开展英语教学活动，对教学设计方案进行修改、调整甚至重构，以应对教学活动中出现的新情况、新问题，满足学生多样化的发展需求。

（五）可行性原则

可行性原则是指高中英语教师的教学过程设计与成果是可以应用于教学实践的。英语教学过程设计若难以付诸实践，就失去了其本身的重要意义和价值。

一个科学合理的教学设计方案，其教学目标应是具体且可以实现的，只有这样，才能为教师开展教学提供可靠的依据。因此，高中英语教师在进行英语教学过程设计时，除了要考虑自己的教学能力外，还应考虑高中生的学习特点和已有英语基础以及开展英语教学活动的客观条件，保证所设计的教学方案具有一定的合理性和可行性，能够有效地指导英语教学实践的开展。

二、英语教学过程设计的策略

在高中英语教学设计过程中，要遵循以下四个策略：导学案策略、自主性学习策略、合作学习策略以及分层指导策略，以期实现更好的教学效果。

（一）导学案策略

导学案即教师开发设计的、引领和引导个性化学习的方案，是针对个性化学情而精确设计的、旨在达成学习目标与完成学习任务的学习引导方案。导学案也是一个结构化的学习任务清单。现阶段的英语课堂教学主张促进学生自主探究学习，充分体现了导学案策略。

整个教学活动过程是为学生而设计的，它真正体现了学生的主体地位。学案导学借鉴了杜威的问题教学法，教师不断提出问题并引导解决问题，引导学生在信息技术的辅助下，自主学习、合作学习以及探究学习。导学案具备一定的导向作用，不仅能面向全体学生，而且能满足学生的个性化需求，教师则根据学生的实际学习状况针对性地进行指导，真正做到面向全体学生。

（二）自主性学习策略

在英语课堂中，教师应始终秉持以学为中心的理念，将学生的学习置于教学设计和教学过程的首位，引导学生开展自主发起、自主合作、自主发现和探究等自主性学习。教师应坚持学生的学习主体地位和作用，发挥学生学习的自主性、主动性、独立性和创造性，教学生学会自主学习，让学生做自己学习的主人。

学生自主学习、合作探究是当前英语教学课堂的重点要求，学生自主性地学习知识与技能，培养能力。课前教师推送预习资源，学生借助智能手机、平板等工具，看微课，听读音，理解故事内容，了解拼读规则，自主学习，完成预习。

上课开始，教师创设情境引导学生自主学习。在教学过程中，让学生自主发现拼读规则；在教师派发任务后，组织学生进行小组讨论，自主学习，然后利用白板进行词汇分类，成功将词汇分为两组；通过让学生反复朗读练习，自主发现对应的发音规则；最后，让学生复述故事，自由续编，并进行情境表演。

学生在自主学习过程中，分学习小组自由交流，积极发表观点，尽管教室充满了学生讨论的嘈杂声，但学生学习的能力以及合作探究能力得到了发展，在解决问题的同时体验成功的喜悦。

（三）合作学习策略

教师是合作学习的组织者，要充分发挥主导作用，组织学生有序地开展合作学习，及时发现问题并进行解决。教师还是合作学习的参与者，要暂时放下教师的身份，把自己当作一个普通的学生，加入学生所在的小组中进行合作学习，充分地与学生交流互动，营造愉快和谐的学习氛围，引导学生完成学习目标。

在实践活动中，依据知识构建的需要，教师适时组织学生开展合作学习，使各学习小组对教师提出的问题任务开展深入互动交流。教师也亲切地加入其中进行讨论。通过设计合作探究、讲解分享等教学环节，教师进行多元化的评价，对在小组合作学习中有进步或者突出表现的学生，要鼓励和赞扬，争取全体学生在合作中都有进步，感受合作的乐趣，达到合作学习的目的。

（四）分层指导策略

在英语教学设计过程中，教师要关注全体学生，将分层指导策略融入教学的每一个环节中，从而提高教学效率。

在设计自主学习、学情分析这个环节，教师要让不同学习能力的学生做不同的预习准备。对于后进生，教师应要求他们学习基础知识；对于优等生，教师应鼓励他们试着向课外发展，进行深度学习。

在设计明确目标、确定任务这个环节，教师要按照从易到难、循序渐进的原则进行设计。在分解教学目标时，把握"了解""掌握""识记""运用"等不同层次的递进，做到因材施教，针对不同层次的学生设计不同的要求。当然在确定三维目标时，要留有余地，有一定的弹性，使后进生达成较低层次的目标，为优等生设置较高层次的目标，让学生自主选择适合的目标进行学习，力争达到较高目标。分层指导面向全体学生，为每一位学生的发展创造适宜的条件。

第四节 高中英语教学评价的实施

一、明确教学评价目标

教学评价的目标是教学评价目的的具体化,是教学评价需要解决的具体问题。在英语教学评价的实施过程中,首先要根据学生发展的需要明确每次教学评价需要解决的具体问题,也就是明确英语教学评价的目标。

这里的教学评价目标是指可评价的教学评价目标,但不是所有预设的教学评价目标都能够付诸实践,能够付诸实践的可评价的教学评价目标也需要根据所具备的客观条件(如人力、物力、财力、具体的情境等)对其进行甄选,以促进学生发展的最优化。对可评价的教学评价的目标进行选择也是一种价值选择,这种选择反映了价值的优先顺序。

英语教学评价的设计包括对可评价的教学评价目标的认识和所具备的现实条件的认识。可评价的教学评价目标对教学评价的程序与方法具有指导作用,应当尽可能地行为化,使之成为能在具体情境的行为中体现出来的目标。可评价的目标是以未来为导向的目标,教学评价的程序与方法是以目标为导向的教学评价目的的实现过程。教学评价就是用以未来为导向的可评价的教学评价目标指导着以目标为导向的教学评价的程序与方法。

设计教学评价的程序与方法的过程,是在教学评价目的的指导下,根据现实条件,应用各种认知活动等经过一系列的思维操作,使可评价的教学评价目标能够实施的过程,也是使应然状态的目标转化为实然状态的结果的过程。教学评价的目标贯穿于教学评价程序与方法设计的整个过程,教学评价目标的明确可以使评价者理清评价的思路,在思想上更清晰,在评价过程中更严密,教学评价的设计与实施应当始终以教学评价的目标为依据。

二、确立教学评价对象

明确了教学评价的目标也就明确了教学评价需要解决的具体问题,接下来就是根据教学评价的目标确立相应的教学评价的对象。

教学评价的对象是主体与客体之间的价值关系，这种关系是可以通过观察，运用思维的能动性和创造性去把握的。之所以这么说，是因为观察的对象不等于思考的对象，尽管它们之间有联系，可以由此及彼，但它们不是等同的。由此看来，学生是英语教学评价测试的对象，不是英语教学评价的对象。英语教学评价的对象是根据评价的目标需要评价学生发展的具体的某些方面，如人文底蕴、科学精神、健康生活、责任担当、实践创新等在认知、情感与言行方面的发展过程和最终表现。

学生的发展是一个缓慢而长期的过程，不是学生发展的所有方面都需要评价，也不是需要评价的学生发展的某一方面都能够评价，需要评价且能够评价的学生的发展才是英语教学评价的对象。

由于一次评价不可能涵盖所有的学生发展的各个方面，因此，需要评价且能够评价的学生发展的某一方面不一定是通过一次评价就能够完成的，或许要经过两次甚至更多次不同方式的评价才可以实现。不能只用一种手段评价学生的某一方面，要参考不同阶段的表现，用发展的眼光从多元的角度评价学生，为学生的终身发展着想。明确评价要促进学生哪些方面的发展是明确教学评价的对象。教学评价的对象确立后，接下来就可以依据教学评价的目标和评价的对象，对可评价的教学评价目标进行具体的分析，以确定教学评价的指标体系。

三、构建教学评价指标体系

在查阅教学评价指标体系相关文献的基础上，依据教学评价指标体系构建的原则，可以从课堂教学的各个环节入手，从中分析出评价一堂英语课最需关注的要素以及影响课堂整体教学效果的因素，以此构建一套高中英语教学评价指标体系。

一般来讲，可以将课堂教学的环节划分为三个阶段：课前教学准备阶段、课中教学实施阶段以及课后教学反馈阶段。在课前教学准备阶段设置教学目标和教学设计两个一级指标，在课中教学实施阶段设置教学内容、教学方法和教学氛围三个一级指标，在课后教学反馈阶段设置教学效果这个一级指标。在各个一级指标之下考虑其所应包含的内容和要素进行二级指标的设定，具体如表6-2所示。

表 6-2 高中英语教学评价指标体系框架

教学过程	一级指标	二级指标
课前教学准备	教学目标	符合高中英语课程标准要求
		对学生文化意识与文化理解力的培养
		目标明晰、具体、可操作性强
	教学设计	教学结构的严密完整性，教学环节的循序渐进性
		教学活动数量、形式、时间安排的合理程度
课中教学实施	教学内容	重难点的把握情况
		对教材中英语元素的挖掘能力，突出对学生正确价值观的引领
		与学生生活、社会生活的紧密联系程度
	教学方法	教学方法的灵活性与多样性，注重对学生兴趣的激发与培养
		引导学生在所创设的真实教学情境中进行探究式学习
		因材施教，对不同水平学生的照顾情况
	教学氛围	课堂气氛的活跃程度，师生交往的融洽程度
		教师对学生想法和建议的反馈情况
		教师对学生的评价方式多元，能够激发学生的主动参与
课后教学反馈	教学效果	学生对新授词汇与句型的理解程度进一步加深
		开阔学生的视野
		激发学生学习英语的兴趣

（一）课前教学准备

在课前教学准备阶段，主要注重两个方面的准备：一是要明确本节课的教学目标是什么，二是要构思好整堂课应如何进行设计。

在教学目标方面，主要是基于英语教学评价的依据以及目标本身所具有的特性所确定的。

一是英语课程标准作为英语教学评价主要的依据与纲领，教学目标的制定必须符合课程标准的要求，要依据课程标准对学生、教师所提出的要求来进行设置。

二是英语本身作为一种传播与交流世界文化的有效载体，一方面要教会学生合理地使用英语工具与他人进行交流，另一方面还要帮助学生深入挖掘英语这门语言背后所涉及的众多文化因素，让学生体验到国外文化有别于我国文化的同时，形成正确的辨别不同国别文化的理解力与判断力，加强跨文化的意识与能力，同时也增强对我国文化的认同感与自信心。

三是教学目标的确定应让教育者、评价者能够清晰具体地理解教学目标，并能够在教学实践中直接去运用它。

在教学设计方面，主要是对教学结构和教学活动进行了规定。整体来看，针对一节课堂的设计，首先在时间的分配上一定是合理的。每个教学环节需要花费多长时间、每个环节与活动如何分配时间才能最大限度地达成时间最优原则，都需要教师的精心设计与构思。其次，整节课的各个教学环节应环环相扣，无论是热身环节、新授环节，还是最后的巩固与作业环节，都应在达成教学目标的主线上进行设计。

（二）课中教学实施

到教学具体实施的阶段，需重点关注教学内容、教学方法以及教学氛围三方面的内容。

在教学内容方面，首先，需关注教师所讲授的教学内容是否将教学重难点讲解透彻，在学习的过程中学生是否能够清晰地掌握重点、理解难点；其次，教学内容的讲授还应注意与学生日常的生活内容、社会广泛的生活内容建立联系，从而使形式单一的课堂变得更加真实有生气。

在教学方法方面，首先，教学方法的选择应灵活多样，单一的教学方法难以真正调动起学生的学习兴趣；其次，在"以生为本"的教学理念下，教师更应关注学生在学习过程中的主动参与，应该引导学生在所创设的真实教学情境中进行探究式学习，引导学生理解语言背后的深层意义，能够懂得如何将自己的所学应用到实际生活中，以使学生的学习变得更加有意义；最后，教师应秉持因材施教的理念，在教学过程中，能够对不同能力水平的学生以不同的方式进行有针对性的教育，使不同能力层次的学生都能发挥出自己的最大优势。

在教学氛围方面，可依据整堂课的教学氛围是否融洽，师生在教与学的交往中是否愉悦来了解学生对知识的掌握情况。此外，教师在教学中还应使用多元化的评价方式，激发学生对英语学习的兴趣。

（三）课后教学反馈

课后教学反馈主要是依据学生是否达成教学目标来判断的。一是学生对新授词汇与句型的理解是否进一步加深，二是学生的文化视野是否得到进一步开拓，三是学生对英语学习的兴趣是否得到激发。

四、选择教学评价方法并编制教学评价工具

教学评价的标准体系决定了教学评价的内容，评价的内容范围一般可分为几类，每一类中又可分为更细小的类，当每一类的内容及其在此内容范围内的相对重要性确定以后，内容范围就有了明确的结构和边界。英语教学评价的内容常常以双向细目表的形式表现出来，双向细目表为英语教学评价方法的选择和评价工具的制定提供了参考。

（一）选择教学评价方法

不同的评价目标和评价对象需要使用不同的评价方法和评价工具。无论使用何种评价方法，都应当首先确定是定性研究、定量研究还是混合研究，然后再选择具体的收集数据或资料的方法。

定性评价方法是指对教学评价所获取的资料可以运用分析与综合、比较与分类、归纳与演绎等逻辑分析方法进行思维加工，以此评价教学评价目标是否达成，并为评价结果的解释提供依据，是判断事物的各种因素、属性及其运动状态的评价方法。这种通过逻辑分析的方法达到的价值判断被称为质性的价值判断。在质性价值判断中，大量的评价标准较为模糊，但也可以较为清晰地解析为具体明确的指标。定性评价的研究结果不仅包含数量化的水平较低甚至没有数量化的质性描述材料，而且也包含与定量分析密切结合的质性分析材料，如通过观察或访谈等采集到的数据资料可以使用定性评价方法。

定量评价方法是指对教学评价所获取的大量的可能是杂乱无章的数据，如数字、文字、图形或声音等具有数量关系的资料，可以运用数学分析的方法进行算

数或逻辑运算，抽取并推导出对某些特定问题具有价值、有意义的数据，经过解释并赋予一定意义使其成为衡量教学评价目标是否达成的重要依据，是判定各种因素、属性的数值和数量关系的评价方法。这种通过数学计算才能达到的价值判断被称为量化的价值判断，其指标是量化的，指标的约束条件也是量化的。量化只是一种手段，通过计算所要达到的是对客体意义的判断。定量评价方法可以帮助我们从复杂纷乱的数据中找出规律性的结论、信息，进而使研究者能够深刻地理解、全面地描述、准确地推断和预测学生的发展变化，使之成为提出或验证假设、建构理论的依据，如通过问卷、测验等采集到的数据资料就需要使用定量评价方法。

从元认知的角度看，量化研究实质上体现了研究者自上而下对教学评价事件假设检验的过程，定量评价方法是一种目标驱动或概念驱动，是在目标控制下进行的程序与方法的设计活动。质性研究则从根本上反映了研究者自下而上对教学评价事件的分析与描述，定性评价方法是一种数据驱动或刺激驱动，是由学生本身的特征驱动的程序与方法的设计过程。任何事物和现象都是质和量的统一体，都具有质和量两个方面，教学评价也同样存在质和量两个方面，这两个方面是紧密联系、不可分割的。而混合评价方法则是研究者将定量的和定性的研究技术相结合并运用于同一研究之中的评价方法，它兼具定量评价和定性评价的优点和缺点，恰好体现了两者相辅相成的互补关系。如通过实验法、行动研究法等采集到的数据资料就可以使用混合评价方法。

质性价值判断和量化价值判断是互为基础、相互补充的，没有好坏优劣之分，不可以强调一方而忽略另一方。定量评价主要以统计分析为主，主要包括描述统计和推论统计两大部分。定性评价主要是变量关系的逻辑分析方法，是指通过比较和分类、归纳和演绎、分析和综合、抽象与具体等逻辑方法和思路，对研究资料进行整理和思维加工，指导定量分析，进而从感性认识上升到理性认识的方法。应将定性评价与定量评价相结合，以定性评价指导定量评价，再通过定量评价支持下的定性评价进行理论分析。

综上所述，不同的评价方式各有其特点，在英语教学评价的实施过程中，需要结合具体情境确定合适的评价方法。

（二）编制教学评价工具

教学评价的方法影响评价工具的选择与制定，评价方法和工具直接关系到评价结果的科学性与可靠性，甚至涉及对评价目标本质的认识层面。英语教学评价的工具应该具有科学性、适切性和可操作性，这就需要评价者根据评价目的、评价目标、评价对象、评价的标准体系、评价方法等选择并编制具有较高的信度和效度以及具有适当的难度和区分度的评价工具。

不同性质的英语教学评价工具其编制方法有所不同，但不管编制评价工具的具体技术、过程和方法有多大差异，其基本程序是一致的。首先制订编制计划，其次编制测验项目，最后编写测验指导语和说明书。评价工具的难度和区分度直接影响英语教学评价的结果，评价者可以根据试测的结果将没有价值的项目删除，将有价值的项目排成有组织的测验，以此对评价工具进行改进。要解决的问题有两个：一是测验项目的选择；二是测验项目的编排。如要编制复本，还需懂得怎样编制复本。

五、用教学评价标准体系衡量价值客体

教学评价以学生的需要为尺度，用教学评价的标准体系衡量价值客体，并对已有的客体或将形成的客体的价值做出价值判断或价值程度（价值序列）的判断，判断其是否满足主体的需要。用教学评价的标准体系衡量价值客体就是将价值客体依据教学评价的指标进行分解，以评价指标衡量价值客体分解后的各个部分。在这个过程中，评价者需要做到以下四点。

（一）选择测试对象

首先是根据评价的目标、评价的对象来选择一定数量的测试对象。通常以年龄、性别、职业、受教育程度、经济状况、民族、文化背景等指标来区分测试对象。在英语教学评价中，测试的对象通常为学生，有时是同一个班级的学生，有时是同一学校同一年级的学生或者是同一学区同一年级的学生。

（二）培训测试人员

测试人员是指英语教学评价的具体实施者，对评价过程的控制和对测试对象的反应的记录直接关系到评价结果是否可靠。测试人员可以是评价者，也可以是为了完成评价过程而挑选的非评价者。为了让测试人员熟练掌握规则，避免测试人员对评价结果可能产生不利的影响，在评价实施前应对测试人员进行统一的培训，使其清楚评价的目的、熟悉测验内容、掌握步骤和计分方法等。

（三）考量测试条件

所有测试对象接受相同的或者等值的题目，评价内容不同，所评价的结果无法比较，且所有测试对象必须在相同的条件下接受测试，包括相同的指导语和题目、相同的测试情境、相同的测试时限等。

（四）保障测试组织的顺利进行

测试组织的保障就是在具备测试条件的前提下，怎么安排与协调跟测试有关的人力、物力和财力，使其具有一定的系统性或整体性，共同落实英语教学评价的目标，保障测试的顺利完成。一般而言，测试的组织包括测试人员、测试对象、测试条件、测试过程和测试题目的评阅等。

第七章　高中英语课堂教学策略的实施

随着教学改革的不断深入，高中英语教学的重点是在已有的基础上不断拓展和深入，不断向大学英语延伸，逐渐有意识地拓展学生的英语学习宽度和深度，不断优化知识范畴、教学结构体系和教学策略，因此，这就需要在教学内容和教学手段上相互依托、协调发展，这样才能有效保证高质量的教学。本章分为高中英语听力课堂教学策略、高中英语写作课堂教学策略、高中英语阅读课堂教学策略、高中英语口语课堂教学策略、高中英语语法课堂教学策略五部分。

第一节　高中英语听力课堂教学策略

一、学生层面

（一）夯实语言基础，促使语言技能发展

任何技巧的使用都需要以扎实的基本功为基础。学生要想完成听力任务，就需要不断地进行听力训练，在学习语言时，要增强自己的理解能力和辨别能力。辨别声音的能力影响对单词与句子的理解。因此，声音辨别能力对学生来说非常重要。

首先，学生要不断积累词汇，打好基础，这是理解听力材料的前提条件。如果词汇量不足，就无法理解句子的含义。如果不懂单词，就不能理解句子的意思，只有不断地积累单词，才能更准确地理解文章的含义。切忌死记硬背，要注意运用合理的技巧，根据句子特点进行策略性记忆。

当然，英语学习不仅要掌握足够的词汇量，而且也要掌握语法知识，这是英语学习的重要内容。汉语语法与英语语法有比较大的差异，用汉语思维理解英语句子，很容易曲解句子的意思，所以平常的语法积累也十分重要。

其次，学生在学习过程中也要了解更多的外语背景知识。语言是文化的载体，了解外语的文化内涵，对于学习外语有很大的帮助。因此，学生要多进行课外阅读，掌握更多的课外知识，认识更多的事物，拓宽自己的知识面，了解不同的文化差异和思想差异。

（二）掌握听力学习策略，培养良好的听力习惯

在学习过程中，学生都有自己的学习习惯和方法，好的学习习惯和方法能够有效帮助学生学习，否则将会限制学生的学习。对于两个同等认真程度的学生，其学习效果的差异主要在于学习习惯的不同。因此，良好的听力习惯对学生进行英语听力训练十分重要。

1. 养成预测习惯

在进行听力训练前，先看听力题目与问题，了解大致需要听的内容，然后集中注意听录音中的这个内容。对于听力训练中的简对话，由于只会读一次，稍不注意就会错过，因此，学生要提前进行预测，可以选择出现重复率最高的单词，预判材料主题，同时结合其他辅助信息，了解听力材料的大致内容。在听力播放的过程中，学生应将注意力主要集中在重要信息上，对听力材料的重要内容做到准确理解。对于听力材料中出现的较长的独白，通常第一句往往能够把全文主旨概况出来，属于中心句。所以，学生需要对听力材料的第一句着重注意，按照主题句对全文内容与结构进行预测，对全文语境予以掌握。如果没有注重，那么就会造成听的过程当中，被其他无关信息干扰，出现信息混淆的情况，进而理解错误。另外，要按照每种信号词对下面听到的内容进行预测，从而把握文章趋势。预测能力属于极为重要的认知能力，它能够让学生由被动向主动转变，从而使其听力水平得到提升。

2. 养成速记习惯

语音的特点很明确，即即时性。在听力考试的时候，面对大量材料，学生由于紧张，对于听到的内容很容易忘记，没有办法回答问题。所以在听力过程中，学生要注意对关键的词语进行标记，通过这些细节能够对学生的记忆起到辅助的作用。伴随记录内容不断增多，所获悉的信息量也在增多。学生在记笔记时要掌握一定的方法，否则会浪费时间，从而对听力造成影响。假如英文单词当中存在很多字母，那么可以采取中文或者缩写的方式代替，如 "ASAP" 表示 as soon as possible，"CMU" 表示 communication 等，或者用一些符号、图画、线条表示单词，

如"×"表示否定概念，"+"表示很多、很大，"＝"表示相同等。相似的技巧有很多，学生要根据自己的喜好找到适合自己的学习方法，实现高效率学习。

总而言之，学生应该注重培养学习习惯。想要提高英语听力水平，学生需要将各种感官相结合，在听力训练中利用多种感官参与完成训练，这会使训练效果更好。部分学生在英语学习中只会采用简单的读的方式，而不会采取听说结合的方式。从长远来看，这会降低学生对语音的敏感性，降低学生学习英语口语的能力，导致学生越来越觉得听力训练很难，对听力训练产生反感。所以，在英语学习过程中，学生要善于将听说结合，多说多听，多利用英语交流，以说促听，多积累听力技巧。学生可以跟着磁带录音大声朗读听力材料，进行跟学训练。在与磁带中的原声进行对比后，学生要注意纠正发音错误，多练习正确的发音，从而提高语感和听力水平，增强学习标准发音的能力。此外，听写练习对于锻炼听力也十分有效。内容丰富有趣的听写训练能够激发学生的学习兴趣，使学生能够充分参与其中。因此，在英语学习过程中，学生要多写多读多说，充分利用读听结合、写听结合、说听结合来学习英语。

（三）掌握听力微技能

听力微技能指的是母语听者已经熟练而外语听者需要通过练习获得的能力等。想要提高英语听说水平，就要获得相关的语言知识，如音变、省音、加音等。学生要在学习英语的初期通过训练清晰地辨别音标、音素、单词、字母等。掌握音在语流中的几种变换，其中包括音的省略、音的连读、音的不完全爆破以及音的同化，这些因素都是学生能否听清材料的关键。在训练的过程中学生会渐渐熟悉语音、语调、语流的使用，在理解材料时能游刃有余。听力微技能还包括理解技能。通过语境猜测词义，抓住材料的中心大意，以及通过开头预测后文。掌握这些要点再进行文章脉络的梳理，会使听力难度降低，有效帮助学生理解材料。

二、教师层面

（一）树立正确的听力认知

随着世界各国之间的交流日益频繁，在这种"聋哑"英语教学模式下培养出来的所谓高分学生已经不能够很好地满足社会的发展需求。对英语教师来说，不能只看重学生的课堂出勤率和成绩，要考虑学生的全面发展，逐步转变传统的教学理念，适应新时代的变化，专注于学生全面发展能力的培养，促进学生的全面发展。

同时，转化观念也预示着教师在听力教学过程中要更加注重对于学生情绪态度方面的培养。教师不仅要传授知识，还要关注学生的心理健康。教师在教学中应注意消除学生的消极情绪，如沮丧、厌倦以及抑郁等负面情绪。每个学生的学习基础不同，教师不得过于严格要求学生必须跟上自己的课堂进度，也不要坚定地认为每个学生都能够取得优异的成绩，选择的听力材料和涉及的听力训练都要结合实际情况，让学生在练习听力时增强信心。当学生遇到问题时，教师要教授学生正确的学习方法，帮助学生找出失败的原因，在不影响学生兴趣的情况下，使学生不断反思。

教师不仅要掌握专业的教学方法，而且要掌握心理学等方面的知识。教师拥有良好的教学水平是更好地完成教学任务的前提。教与学相辅相成，学无止境。现代教师应不断完善自己，注意提升个人教学水平，使教师的主要作用得到良好发挥，让学生健康发展。

首先，只有教师自己的口语水平比较高，才能营造更好的学习氛围。学生在进行语言学习时，标准的发音十分重要。因此，教师应增强自己的英语教学能力，教授学生正确的音调，提高学生的语言水平，让学生掌握国际性的标准发音，能够准确判断并应用词汇的连读、爆破发音等。在英语听力教学过程中，教师应该尽可能多地使用标准的全英语教学，避免过度使用母语，并通过在现实生活中使用英语为学生创造一个真实的语言环境，从而增加学生进行听力练习的机会，使其英语表达能力得到提高，英语水平也有显著的提升。同时，教师需要多鼓励学生阅读英语，引导学生用英语去解释未知的事物，提高学生使用英语的频率，加强学生的英语口语锻炼。

其次，教师要增强把握课堂节奏的能力。教师教学都是在课堂中进行的，而课堂是师生互动频率最高的地方，为了让学生能够在40分钟内尽量学习更多的知识，保证教学效果，教师就需要在课前对所有章节的复杂知识点进行整合，做好备课工作，重点讲解其中的知识，简化难点知识，让学生更好地理解和学习。从听力训练方面来说，教师要在课堂上合理规划听力训练，使学生加深对知识点的印象，培养学生的语感。教师要充分准备备课内容，明确教学目标，使教学环节的安排更加密集，重点明确，细节适当，能够对课堂上的每一分每一秒进行充分运用，形成良好的学习氛围。同时，因为语言具有即时性的特征，学生在进行英语听力训练时无法和英语阅读一样获得有效信息。因此，教师要在课堂上引导学生去学习一些有效的听力材料，提前阅读听力题目，根据问题了解听力材料的大致信息，对听力内容进行预测，然后在听力训练过程中选择听取一些有效的语句，实现有效训练。

最后，教师要整理出一些有用的学习资料，让学生进行日常听力学习训练，使学生的英语听力训练能够逐渐推进，而不是一蹴而就。不同学习阶段使用的听力材料其难度也应有所差异，因此，教师应根据学生正处于的阶段以及实际需求灵活选择听力材料，做好听力材料的选择和检查，保证听力训练能够循序渐进地进行。比如高一、高二学生的听力训练，训练的内容主要是学生的基础知识，旨在培养学生的语感，增强学生扩展第三方知识的能力，为后续的新知识点学习奠定基础。教师在整个学习过程中要不断地加强学生薄弱点的训练，提高学生的训练水平。同时，听力材料应有足够的趣味性，结合学生的实际情况，甚至语言阅读的场景，联系背景知识，让学生了解更多西方的文化背景，降低学生理解语句的难度。

（二）优化课堂教学

在新高考背景下，高中英语课程的优化是一个持续的过程，对此，教师要去分析改革后课堂提出的新要求，明确英语听力教学的目标。高中英语听力教学要符合新高考对于英语这一学科的要求。同时，教师应做到跟随形势转换思维，思考并研究相应的对策，在对新高考改革的具体要求有了充分了解之后，充分明确英语听力在高考中的重要意义及对其相关能力的要求，从而优化课堂教学，提高学生在英语听力理解方面的水平与能力。新一轮高考是在不断推进课堂改革中实现的，对学生的综合素质要求更高。因此，教师需要尽快调整英语听力课堂教学模式，适应新高考改革的要求，提高课堂教学效率，不断激发学生的潜力。比如在教学中减少汉语的出现，实现全英文的教学；训练学生记单词的能力，扩大词汇量；坚持进行持续性的英语听力训练，培养学生的语感。同时，要及时调整教学，为高考改革的到来做好充足的准备。

（三）重视听力过程

随着课程不断改革和新媒体技术的快速发展，教师在教学过程中可选择的资源越来越多。首先，教师要对现有的丰富的教学资源与网络上的各类信息材料进行充分的利用。兴趣是最好的老师，要想让学生在课堂上集中注意力，应该使学生以积极愉快的状态参与到课堂活动中。而达到这一目的所需要的辅助手段是必不可少的。据统计，成年人的大脑可以通过听觉记忆 25% 的材料，通过视觉记忆 40%，通过听觉和视觉同时记忆 70%。所以对于英语听力来说，多媒体的优势是普通课堂教学无法比拟的。多媒体作为一种现代教学手段，集图、声、文于一体。同时，多媒体教学的质量也高于传统教学。借助多媒体，可以结合多种形式，使得语言表达更加清晰明了，可以有效地传达想要表达的信息，使理解更加透彻，对所学内容的记忆更加深刻。因此，教师可以充分利用现代化教学设备来教学，利用视听教学模式来教学，这样可以大大提高学生的学习效率。如在英语教学过程中教师可以采取诱导教学方法，选择一些有趣的电影片段插入课堂教学，来激发学生的学习兴趣。通过反复播放，让学生模仿学习其中的桥段，模仿地道的语音语调，这样有利于活跃课堂气氛，调动学生学习的积极性，提高教学效果。

其次，教师要善于创新，发现和总结新的教学模式。在传统的教学模式下，基本上都是教师一个人在讲，课堂互动性较差，学生学习积极性低，学生的学习效率低。而且在听力训练过程中，给学生反复播放相同的听力材料，课堂会变得枯燥无味，学生将会失去学习的积极性。因此，教师要善于创新，摒弃传统的教学模式，增强课堂互动性和学生学习的积极性。

最后，教师需要不断丰富学生的课外活动，在现阶段的教育中，所要教学的知识点非常多，但是教学的时间非常有限。每节课只有 40 分钟，教师无法充分展示自己的教学理念，所以课外活动尤为重要。丰富的课外活动可以使学生的英语听力能力得到提高。比如设立英语兴趣小组，举办演讲竞赛、唱歌、猜谜语、辩论赛等活动。同时，开设"英语角"，培养学生的英语交流能力。

（四）掌握科学的教学方法

坚持以学生为中心的原则，根据学生的学情针对学习计划，因材施教。教师通过分析学情、制订计划、定期检查对学生的学习情况时刻关注，并适当调整教学策略。在教师监督学生学习的同时，有效地组织学生自评、互评等，使学生能够清楚地认识自身的学习水平，并适当调整学习计划。同时，教师要摆脱传统授课形式僵硬、死板的上课基调，打造活跃的课堂，从而使学生更好地进入听力状态。

（五）重视情感教学策略

在高中英语听力教学过程中，教师要为学生创造更加舒适、自由的学习环境，建立更加和谐稳定的师生关系。教师需要关注学生的情感，帮助学生克服在情感方面的各种心理障碍。通常来说，对于综合素质比较高的老师，他们更能了解学生的心理变化，也会采取情感教学策略来教授学生。调查发现，学生在听力过程中经常会产生紧张、自信心缺失以及焦虑等负面情绪。因此，教师需要在英语听力过程中适当引导学生，帮助学生克服心理障碍，消除负面情绪，培养学生良好的听力习惯，同时也提高学生的心理素质，使学生得到健康全面的发展。

（六）合理调控学生的心理

在高校英语听力教学中，合理调控学生的心理主要表现为以下几点：培养学生对听力学习的兴趣和意志力，适当缓解学生在听力学习中的焦虑，提高学生对听力学习的认识，树立正确的听力学习目标。具体来说，教师可从以下几个方面着手。

①教师可教授学生一些相关的学习策略，让学生明白英语学习的规律，帮助学生制定下一个学习阶段的目标。

②教师要更新教学观念和方法，挑选恰当的语音材料和教材，密切联系现实生活中学生关心的问题，正确指导学生进行合理的听力学习。

③教师要培养学生短时记忆和速记能力，引导学生树立正确的听音心态，培养学生良好的听音习惯。

④教师要正确评价学生的学习，多表扬学生取得的进步，及时发现学生的困难，为其解惑答疑，适当纠正错误，降低学生的焦虑程度。

以上这些做法能帮助学生积极调控心理状态，建立最适宜的听力学习心态。

（七）充分利用多媒体开展听力教学

多媒体计算机辅助英语教学，使教学的互动性和学生学习的个性化成为可能。多媒体互动式的英语教学适合综合语言课的教学，它不仅具有传统课堂教学模式的优点，而且还能弥补传统教学模式的许多不足之处。多媒体具有直观性、立体性和动感性的特点，能将大量的知识信息传递给学生，并且不会使他们感到枯燥乏味。我国学者易斌认为，多媒体教学的主要目的是因材施教，开展个性化教学，对不同习惯、不同背景的学生采取不同的教学方法和策略。无论是对学习能力强的学生还是学习能力弱的学生都能提供适应性的学习指导与帮助，使他们发挥特长，取得有效的学习效果。多媒体技术作为一种新的教学方式和辅助手段被引入英语听力教学，对听力教学的改革发挥了重要作用。

英语听力技能的提高，各种语言知识的获得与积累，无不依赖于学生自身的参与和实践，并与其他语言技能的发展密切相关、相辅相成。通过多媒体能够实现以学生为中心的双向交流的开放式教学模式，改变传统的以教师为中心的单向灌输的封闭式教学模式，使学生能够积极主动地参与各种教学活动，有效发挥其自身的能动性，提高听力学习兴趣，改进听力学习效果。

（八）建设高校英语听力高效课堂

为了解决授课效果不够理想的问题，教师要重视高效课堂的建设。首先，教师要针对听力学习进行相应的学法指导。教师在授课结束之后不应该单纯地针对所教的内容进行详细讲解，还要告知学生课后提升听力水平的具体方法，帮助他们形成锻炼听力的习惯。其次，教师要借助网络在课后形成的信息反馈，及时针对学生的听力问题进行查漏补缺，完善教学内容，力求一切课堂活动都有助于学生有效内化知识。

第二节　高中英语写作课堂教学策略

一、学生层面

（一）努力增加阅读量

英语的学习讲求语感，语感来自大量的阅读和每天的坚持，中国英语学习者最大的难度在于缺少语感，这很难克服，因此必须从大量阅读入手，积累单词与短语，锻炼语感。一篇好的作文的出炉需要足够的词汇量做基础，同时通过接触大量的阅读材料，学生会接触到各种形式和内容的文章，进而让英语常用的表达方式和规范习惯潜移默化影响和提升学生的写作水平。

（二）多学多练

1. 联想法

学生可根据一个短文内容进行合理想象，或改写，或续写，或利用直接给出的一幅图画编故事，并及时鼓励。学生的思维方向是不可想象的，他们会创造出许多意想不到的奇迹，教师要敢于放手，让学生自由发挥想象力，去开拓自己的疆土，这样学生兴趣也有了，写作能力也在自由的氛围中快速提升。

2. 词汇积累法

学生每人准备一个小本记忆平时遇到的有用的单词，不断扩大词汇量，这个小本最好随身携带，以达到随时复习的目的。词汇量有了，作文写起来也就变得轻松起来。

3. 小组交流法

教师可以根据学生的个人差异合理分组。在确定一个写作题目的时候，可以以小组为单位讨论，那些不善表达的同学在同龄人的带领下会参与进来。学生各自发挥所长，找资料，想话题，在潜移默化中达到小组写作能力的共同提升。

二、教师层面

（一）构建生态化英语写作课堂

高中英语写作课堂存在众多失衡现象，课堂教学中应构建生态化课堂，通过改善教学方法、学习策略、师生关系等，创造出和谐发展的课堂环境。

1. 教师优化教学策略

在写作过程中，部分学生基础薄弱或者受母语思维方式的影响，导致在书写作文时存在障碍、作文质量不高。因此，教师应优化自身的教学策略，在写作前可以给学生播放一些关于本话题的视频或者音频，增强学生的文化意识。教师在教学中不应孤立地讲授单词、句型、语法、写作，应将写作贯穿到整个单元教学中去。针对基础薄弱的学生，教师可以引导学生在写作前进行小组头脑风暴，总结出本篇作文的主题、主要内容、重点单词、句型、语法点、作文结构等方面，并能够梳理出自己的思维导图。课堂中学生可以采取同伴互评方式进行作文反馈，通过互评及自评作文，提高自身写作能力。课后教师可以引导学生分享修改后的作文，总结出本篇作文亮点词汇及句型，增加学生的自信心，使学生成为课堂主体。

2. 改进写作评价方法

直接评价的反馈方式是以教师为主体，以学生为中心的。此反馈方式容易造成学生参与度不高、学生对写作兴趣不高、学生只关注写作结果而不关注写作过程等现象的产生。因此，教师可以打破传统的教师直接批改的反馈方式，采用同伴互评的评价方法。通过同伴间互相批改作文的方式，使学生在这个过程中，积极参与课堂中。教师将课堂还给学生，教师只是课堂中的辅助者，而学生成为课堂中的主导者。同伴互评方法能够有效提升学生的自信心，同时也能提升学生的写作水平。

3. 调动学生的积极性

教师要调动学生的积极性，可以从以下三个方面着手。首先，调整学生座位的编排方式。传统座位编排以教师为中心，弱化了学生的作用，学生的座位一排排按顺序整齐排放。教师可以将座位的顺列进行调整，例如在写作教学过程中，当进行小组合作时，教师可以将学生座位排列成 U 形，同时站在班级中间位置时刻关注学生课堂的状态，当有学生遇见困难时，教师可以及时给予学生帮助及支持。这样教师可以及时有效地关注到每一位学生的课堂表现，因材施教，建立融洽的师生关系，加强师生间的互动，与此同时也促进了学生与学生间的互动。其次，教师可以从课堂话语着手来调动学生的积极性。教师在教学过程中，要注重课堂鼓励性语言以及非语言手势等方面的表达，对学生的课堂表现给予及时的反馈，对学生的课堂表现给予充分的肯定，增进学生的自信心。最后，教师可以通过改善教学方法调动学生的积极性，如教师在写作课堂中可以运用思维导图带领学生梳理出作文结构，理清作文的逻辑关系，打破传统写作教学沉闷的课堂氛围，同时激发学生的写作兴趣，使学生参与到课堂中去，共同创建和谐生态化课堂。

4. 注重提高学生的阅读技能

写作水平的提高离不开足够的语言输入，语言输入很大程度上与阅读有关。从某班学生对阅读课教学的反馈看，80% 以上的学生对阅读课教学有意见，如文章部分讲解速度快，思维跟不上，教师对文章内容的讲解重点不突出，学习抓不住重点。笔者结合其他学校的实践，建议将写作课和阅读课整合成"读写课"，这样教师对学生的阅读和写作都容易把控，便于安排写作课的教学内容，以使写作课教学效果最大化。

5. 综合利用信息化技术辅助教学

信息化技术如今涵盖很多方面，它具有四项基本内容：感测技术、通信技术、智能技术、控制技术，即信息技术的"四基元"。从信息技术的属性来看，Blackboard 系统、外研社的优诊学系统等都属于教育信息技术，它具备一些计算机和智能技术特征。采用教育技术辅助写作教学，是一种线上线下的"混合式教学"，目的是融合课堂教学和网络教学的优势。利用 Blackboard 系统，主要使用如下功能：作业互评、学生讨论、作业发布及在线测试、跟踪统计、学习预警等。

根据教学进度，适时在 Blackboard 系统发布在线测试和各类作业，并通知学生，所发布的某些作业是下次课堂教学要抽查提问的内容。这些措施都能有效激发学生自主学习的积极性。需要注意的是，如果声明某次在线测试结果与学生平时成绩挂钩，少数学生会串通作弊，教师可以考虑在机房统一进行。如果是课下开卷测试，为防止学生作弊，要求学生在接受测试时录屏，随后把录屏发给教师，这样做可以有效防止学生作弊。

上述教育技术都能有效促使学生自主学习，使学生不愿也不敢偷懒。对于教育信息技术，教师应尽一切可能多了解和掌握，并关注新技术的发展，这样可以激发学生的学习兴趣。

6. 科学分组教学

无论是否利用教育技术，分组都是必要的。在教学前，教师要先对班级进行分组。分组最好按照霍兰德职业兴趣测试结果，把不同职业兴趣的学生分到不同的小组，小组中的学生气质差异能起到取长补短之功效。根据班级规模，每组一般 5～8 人。课堂教学采用任务型、项目型、问题型教学，确立每节课的重难点，课堂讲授一般不超过一节课，以 30 分钟为宜。课前给所有小组分配学习任务。以教材第 4 章 "段落展开" 的第 5 节为例，事先录好 "Development by Comparison and Contrast（比较和对比法）" 的小视频，并上传到 Blackboard 平台，要求各小组组长组织本组同学通过 Blackboard 平台在线观看，先去发现 "比较和对比法" 的异同点，然后阅读教材相关讲解，讨论 block presentation（集中呈现）和 alternative presentation（交替呈现）在结构上有何不同。在下次上课时，要求各组推荐一位学生，代表本组在班上汇报学习成果，介绍对思考题的理解，每组汇报时间控制在 5～8 分钟。在小组汇报完后，教师对学生汇报内容进行评价，指出学生的不足之处，再进行有针对性的讲解。第 2 节课，要求学生利用所学的 "比较和对比法" 写作技巧，完成一段短文的改写，再完成该章节的段落写作练习。具体做法是，先让各组用 10～15 分钟讨论改写方案，然后再用 30 分钟左右的时间完成一份小组作业，提交到 Blackboard 平台小组作业栏。教师批改并写出反馈意见，为下次上课总结做准备。为了巩固 "比较和对比法" 知识，同时布置一项写作任务，教师可以让每位学生根据自己的兴趣和特长，从教材第 108 页、109 页的 "Assignment 5" 中选取一个主题写一段 100～120 个单词的话，提交到 Blackboard 平台上，作业可以选取互评模式，设定提交的截止日期。待截止时间过后，教师抽查分数中的极端值，即高分段和低分段，弄清是否有个别学生评阅同伴作业不规范或不认真，为下次课评讲做好准备。

（二）注重培养学生的思辨能力

1.改革传统的写作教学方法

在传统的写作教学中，往往是教师给学生一个写作主题，再提出各种写作要求，再或者教师会给学生一些提示，但往往是教师处于主导地位。以这样的方式开展教学，写作教学会变得枯燥无味，教师和学生都会失去写作的兴趣。故有必要改进传统的写作教学方式。教师应把写作当作日常的训练，给予写作主题一定的情境，通过组内的讨论交流或者辩论、头脑风暴等方法分享意见，培养学生的发散性思维。

2.密切结合教材，开展写作训练

现代的人教版教材为高中英语教学提供了丰富的教学资源，活动呈现形式多样，覆盖面广，语篇题材和体裁丰富，为学生的写作训练提供了丰富的基础。教材里的文章为学生的写作提供了一个很好的典范，通过循序渐进的活动，使学生逐渐深入了解主题，且一个单元往往从最基础的部分开始，从单词、短语、语法再到写作，逐渐提高学生的写作能力，在写作的过程中锻炼学生的思维能力。

3.采用多种课外写作训练方式

现代经济发展的同时，也推动了文化的发展。在信息大爆炸的时代，获取信息的方式多种多样，阅读便是其中一种。阅读也是培养学生英语阅读思维的有效途径。教师除了在课堂上教授，还可制定一些细则，根据学生的学习程度规定一些书目，要求学生每日阅读并进行摘抄，做到定期检查。经过一段时间的训练，使学生了解到优秀的文章的写作逻辑，吸收其中的精华，随时吟诵，为学生的写作奠定基础。

4.运用多元的评价方法

现阶段作文的评价方式是教师对学生的作文进行批量修改，主要关注学生书写是否优美，是否有语法错误。这样的评价方式不仅不会使学生意识到自己的错误，无疑还会增加教师的工作负担。为了使学生能够获得及时的反馈，教师应该采取多样的评价方式。

首先，教师可使学生采取自评的方式。学生完成写作之后，往往对自己的写作水平没有明确的认识，但是会出现粗心致使单词拼写错误，结构不合理，语法使用不当等问题,自评可以使学生及时发现自己的错误并修改。其次,教师还可采用学生互评的方式。学生都是独立的个体,都拥有自己独特的想法,通过小组的形式使学生进行合作学习,相互交流,在对别人的作文进行评价的同时,学生自己也会形成一套评价标准,同时积极发现别人的闪光点,在互评中增强学生的思辨能力。最后,由教师进行评价,综合学生的评价结果,教师提出自己的修改意见,并对学生的表现进行评价,不仅增强了课堂教学的活力,同时也增强了学生的写作兴趣,使学生提高写作教学的效率。

(三)加强思维导图在高中英语写作课程中的运用

英语写作课程作为高中英语课程体系的重要组成部分,对学生英语水平的提升以及全面发展具有重要作用。在高中英语写作课程中运用思维导图,不仅可以促进我国高中学生英语写作过程中谋篇布局能力的提升,对高中学生写作过程中遣词造句能力的提高也具有重要作用。所以在今后的工作开展过程中,学校要不断加强英语教师队伍建设;同时,还要进一步完善英语写作课程评价机制,切实提高学生的英语写作水平。

1. 增加英语写作课堂上教师对思维导图的运用

在我国高中英语写作课堂教学工作开展过程中,教师在其中扮演着重要的角色,不仅需要对相关英语写作教学内容进行全面掌握,还需要将教学内容以思维导图的形式加以呈现,培养学生良好的写作习惯以及行文思路。首先,要完善教师培训机制,完善对我国高中英语写作教师培训的内容,使英语写作教师更新教学理念与方式,深化对思维导图的理解,提升其在实际课堂教学过程中对思维导图运用的灵活性。其次,要进一步完善校内教学研讨机制,给英语写作课程教师提供专门的教学场地以及教学研讨时间,鼓励英语写作课程教师将实际课堂教学过程中的教学经验以及遇到的问题进行分享,集思广益,进一步增强思维导图模式下高中英语写作课程教学的实效性,促进我国英语写作课程教学质量的提升以及学生的全面发展。最后,要进一步鼓励英语写作课程教师将课堂教学与思维导图进行联系,从而进一步强化我国高中英语写作课堂教学工作的结构性与条理性,增强学生在英语写作过程中的逻辑性,进而提高其写作水平。

2. 完善高中英语写作课程评价机制

思维导图在高中英语写作课程中的运用不仅需要提升英语写作课程教师的专业素养与教学能力,而且还需要科学完善的写作课程评价机制对其进行点评与指导。在今后实际的教育教学工作开展过程中，首先，学校要不断丰富英语写作课程的评价方式，对英语写作课程教师在课堂教学过程中所运用的教学方式给予针对性的评价，帮助英语写作课程教师明确自身在课程教学过程中存在的问题，对教学计划的设定以及教学环节的设置提出中肯的指导意见，促进我国高中英语写作课程教学质量的提升。其次，学校要进一步优化英语写作课程评价标准，充分征集本校师生的意见和建议，对本校现有英语写作课程评价标准进行增删和完善，进一步提升英语写作课程评价标准与实际情况的适配性。最后，学校还要进一步更新英语写作课程评价理念，对英语写作课程评价人员进行集中培训，从课程评价理念、评价方式等方面进行更新，从而进一步推进我国高中英语写作课程建设。

3. 提升高中学生对思维导图的运用程度

思维导图在高中英语写作课程教学过程中的运用，可以有效解决学生审题后无从下笔、词汇单一、逻辑混乱、内容贫乏以及文章空洞等问题，对高中学生英语写作能力的提升具有重要意义。所以，在今后具体的高中英语写作课程开展过程中，首先，学校要深化学生对思维导图这一形式的认识，进一步培养学生的逻辑思维能力，鼓励学生将自身的思路以思维导图的形式加以呈现，从而进一步提升学生对思维导图模式下英语写作课程的接受程度。

其次，学生英语写作能力的提升除了需要传授相关写作技巧外，还需要学生在词汇量、语法知识、句式结构以及相关写作素材积累上具备较高的水平。所以，相关领导以及教师还要不断完善英语课程结构，进一步提升学生的综合水平，为学生英语写作能力的提升奠定坚实的基础。

最后，英语写作教师还要尊重相关教学规律以及学生的认知发展规律，在实际的高中英语课程教学工作开展过程中全面了解本校学生的英语水平以及写作能力，在教育教学工作开展过程中循序渐进，同时提升英语写作课程教学工作的针对性，帮助学生克服对英语写作课程的畏难情绪，促进学生英语写作能力的进一步提升。

4. 加强高中英语知识语料库建设

全面完善的语料库是提升我国高中英语写作课程教学质量以及学生英语写作能力的平台之一。所以在开展具体的高中英语写作课程建设工作的过程中，首先，学校要丰富英语语料库的教学资源，为师生提供充足的写作素材以及教学材料，为我国英语写作课程教学质量的提高奠定基础。其次，学校要进一步完善英语语料库的分类标准，对现有教学资源从体裁、逻辑、词汇、句型等方面进行细致划分，从而进一步节约我国师生在资料检索过程中所耗费的时间，同时进一步提高学生对相关知识背景的了解程度，丰富学生的词汇量。最后，学校要进一步提升本校英语语料库的信息化程度，确保我国高中英语教师以及学生对相关资料获取的便捷性。同时，学校还要进一步优化学校信息化语料库的界面，提升学生对信息化语料库的运用频率。

第三节　高中英语阅读课堂教学策略

一、学生层面

（一）树立正确的英语教育观

学生对阅读的兴趣是影响其阅读的主要因素。学生对阅读的态度、对阅读作用的认识、对阅读重要性的认识是影响积极或消极阅读态度形成的最主要因素。如果学生无法正视自己在阅读中存在的问题，并找不出原因，则会让学生开始怀疑自己的能力，从而丧失阅读动机，长此以往有可能出现拒绝参与课堂阅读活动的现象。

（二）产生英语阅读兴趣

1.补充背景知识

图式理论研究表明，存储在读者心中的社会文化背景知识越丰富，理解文本意义就越好。因此教师应该补充相关的背景知识，以帮助学生理解新的文本，培养其阅读技能，让学生了解不同的文化，使学生的文化素养得以提升。如在阅读"Knives and forks are used for most Western food."之前，教师向学生讲授西餐宴会的礼仪知识，即餐具使用礼仪和进餐礼仪；同时帮助学生了解中餐的礼仪知识，了解中西餐的不同之处。如果学生对这些一无所知，那么他们对文章的理解就只能停留在字面意思上。

2.选择合适的阅读材料

教育家布鲁纳说："学习的最好刺激，乃是对所学材料的兴趣。"如果学生对他们阅读的材料不感兴趣，没有阅读的欲望，阅读理解就会受到影响。因此，教师在选择阅读材料时，不仅需要注意材料的话题和文本语言是否具有趣味性、诱惑性、鲜明性或时代性，还要考虑多媒体在阅读中的作用。教师可以选择在每日上课前五分钟通过一个幽默的小故事或是学生喜欢的一部西方名著的片段，让学生进行纯粹的愉快的阅读。同时，教师还可以使用在线图书激发学生的好奇心，从而提升阅读能力。

3. 科学设计教学活动

英语阅读教学的主要目的是培养学生的阅读技能。在阅读教学中，教师不仅要注意对词、句的局部理解，而且要重视对段与篇的整体理解，使学生学完后"既见树木又见森林"。在设计阅读活动时，教师一定要根据学生的语言基础、认知风格和多元智能来设计形式多样、层次分明且具有合作性、开放性和选择性的活动，使学生在阅读中体验快乐和成功，把阅读变成"悦"读。例如，在阅读教学的准备阶段，教师可适量采用头脑风暴、话题预测、图片预测以及利用多媒体播放视频和动画等方式进行预测。而在阅读教学的设计环节，教师应根据学生的语言基础、图式基础和认知风格选择适当的活动形式，赋予阅读真实的目的，帮助学生获取信息、完成任务并解决阅读时所遇到的问题。

4. 阅读环境不容忽视

父母、教师、朋友良好的阅读习惯对学生的阅读动机具有积极的指导作用。学校良好的阅读文化、应有的阅读资源和足够的阅读时间以及教师对学生提供课内、课外的阅读指导等都会对学生的阅读动机产生影响。父母应当以身作则，放下手机，拿起书本，营造安静的读书氛围，同时进行读后交流和分享。教师则可以每日利用15分钟进行名著欣赏，第二日再和同学们交流看法或想法，并鼓励学生和身旁的好友一起阅读，互相勉励和督促，并分享各自的书评。这样不仅能让学生坚持阅读，让思想的火花得以碰撞，更能激发学生对阅读的渴望，从而爱上阅读。

二、教师层面

（一）加强对合作学习的应用

1. 在学生团体中建立积极的互依性

合作学习应用于高中英语阅读教学的过程中，首先，教育者要让学生意识到他们是一个"沉浮与共"的共同体，每个学生不仅是自己的个体，更是团体中的重要个体。就英语阅读教学而言，合作学习可以应用于课前、课中和课后。对于课前的合作，教师可以安排各小组搜集与文章相关的背景资料，让各小组搜集尽可能多的舞台表演形式，并分析每种表演形式的特点及呈现方式等，课上以小组为单位进行介绍，也可采取竞赛的形式比拼哪个小组搜集的资料更加全面。让小组成员通过分工、合作的方式来搜集课前资料，不仅能够让学生收获更为全面的知识，也能够让学生个体充分意识到自己是小组中的重要个体，意识到小组成员是一个"沉浮与共"的共同体。对于课中的合作，教师应更多地设计一些偏向开放性的探究任务，让学生在交流与讨论中进行思维的碰撞，提高学生的创造能力与跨文化理解能力。同时，教师在学生合作的过程中也要积极地扮演好指导者、合作者与促进者的角色，留心观察每一位学生在合作中的状态与表现，对于反应不积极的同学要积极引导，对于背离主流价值观的文化理解也要及时指正，极力促进合作学习的正向发展。对于课后的合作，主要形式是学生通过交流与分享深化对文章的理解。为了避免课后小组讨论流于形式，教师可以要求各小组将讨论内容形成文字，作为小组讨论作业，这不仅能够保证每一位小组成员参与其中，而且也能够在一定程度上增强成员的团队意识。其次，教师在教学设计的过程中，应从整体上对学生进行考查，将团体的成绩作为教学评定的标准。教师可按照以下两个步骤进行：第一步，合理搭配小组成员，教师在为学生进行分组前应充分考虑学生的英语成绩、性格差异、沟通能力等各方面因素，在客观分析学生特点的基础上，合理地安排小组成员；第二步，成立互助小组，小组成员之间相互帮扶、共同进步，以每一位组员进步的成绩作为小组成绩进行累计评比。最后，教师要坚持共同发展的评价观念，不以成绩优劣来评价个体，而是要以个体对团体的贡献来进行评价。英语阅读拥有广泛的阅读素材，涉及社会的各个领域，因此，对于学生阅读效果的考查也不能单以成绩一概而论。这就要求教师在合作学习的过程中动态地考查学生对问题的理解程度、与同伴的交流程度以及发表观点的创新程度。

2. 使学生正确处理人际关系

为使学生更好地处理人际关系，教师要在小组合作学习前向学生介绍有关合作学习的意义，使学生了解合作学习的重要性，从而为开展合作学习奠定良好的思想基础。

一方面，引导学生掌握必要的合作知识。合作学习应用于高中英语阅读的目的是让学生在与同伴交流的过程中学会聆听、能够理解、清楚表达并掌握必要的交流技巧。这就需要教师在学生合作交流的过程中积极地参与其中，对学生进行积极的鼓励与引导，使学生正确处理与同学的关系。通过小组讨论，让学生关注到别人的见解，鼓励学生发表自己不同的看法，引导学生深入讨论中去，发现问题，解决问题，让学生认识到合作的重要性。

另一方面，还可以通过举办一些集体活动，如以小组为单位的英语辩论赛等，以此来拉近学生之间的距离，让学生尽快地融入小组中。在此期间，教师的作用是引导学生相互了解、相互信任、相互接纳与支持。同时，当英语合作小组成员遇到分歧时，教师也要教会他们如何建设性地解决冲突、化解矛盾。

3. 增加对合作学习的反思

合作学习小组成员需要在每次合作学习结束后，花一些时间来分析合作过程中的一些问题，总结其中的经验，以达成组员间能够高效合作的共识。对英语阅读教学中合作学习应用情况的反思有以下三个环节。

首先，对合作学习前的反思。主要表现在教师在组织合作学习前，要仔细回顾以往阅读教学中合作学习的应用效果，反思合作学习没有发挥其应用价值的原因，并结合班级学生英语阅读实际状况设计符合学生接受水平的合作形式。

其次，对合作学习中的反思。对合作学习中的反思主要包括三个方面：一是课堂效果，即合作学习能否营造良好的课堂氛围，能否推动英语阅读教学顺利进行。二是合作效率，即能否在规定时间内很好地完成既定的英语阅读任务、实现阅读教学目标。三是阅读效益，即合作学习是否能提升学生的跨文化理解能力、英语交流及学习能力等。

最后，对合作学习后的反思。即在合作学习后教师是否会带领学生对合作学习进行评价。教师可以引导小组成员将合作中的优势与不足做成一览表，并就今后如何在英语阅读教学中发扬合作学习的优势，弥补合作中的不足进行讨论。

（二）培养学生的有效提问

教师要做好高中英语阅读教学的有效设问，必须把握好读前、读中和读后三个环节。下面探讨高中英语阅读教学中教师有效提问的具体操作办法。

①基于主题背景提问，激发学生的阅读动机，培养学生的发散思维能力。阅读前，教师可以依据阅读主题背景设问引出话题，或采用头脑风暴的形式启发学生的先行认知，激活学生的已有知识，激发学生的求知欲和阅读动机。

②基于文本标题（插图）提问，预测作者的写作意图，培养学生的推断思维

能力。一般说来，文本的标题就是题眼，往往反映文章的主旨大意以及作者的写作意图。教师在读前环节利用标题或课文插图进行有效设问，有助于引导学生对文本内容进行预测，还有利于学生根据文体特征快速获取文章大意，理清文本结构，以便更深层次理解阅读内容，培养学生的思维能力。

③基于文本内容提问，梳理文本内容结构，培养学生的逻辑思维能力。阅读是一个信息解码的过程，根据布鲁姆认知领域目标分类的六个层次即知道、理解、应用、分析、综合和评价，教师在阅读教学中设置问题时应该从易到难、层层推进，要符合学生的认知规律和事物发展的逻辑顺序，对学生思维能力的要求应由低到高，逐渐提升。

④基于语篇主题提问，挖掘文本内涵、促进阅读意义表达，培养学生分析问题、解决问题的能力。任何一篇文章都有其写作意图，而作者往往不会直白地陈述出来，需要读者通过阅读去理解、去推断、去获取，然后去表达、去分析、去运用所学解决问题。教师巧妙的问题设置能有效地引导学生与作者对话，以正确、全面、深入地理解文本的主题意义，从而培养学生分析问题、解决问题的能力。

⑤基于主题语境升华提问，培养学生的批判性思维和创新思维能力。在阅读教学的读后环节，教师通过深入追问，升华主题语境；通过对主题进行拓展思辨性提问以及根据学生的经历、水平、学习风格、生活经验、个性特征和兴趣爱好进行分层设问等形式，以问启思，不但可以激发学生的学习热情，还可以在情境学习中不断培养学生的分析、评价、创造等高阶思维能力，培养学生的发散思维能力及创新思维能力。

（三）改进学生的思维品质

高中英语学科是一门集工具性、人文性和应用性为一体的重要学科，英语阅读是人际交往和获取信息的一种重要措施。基于英语阅读教学更好地培育学生思维品质的意义重大、作用突出、效果明显，针对具体实施和实现过程中所暴露出的问题，高中英语阅读教学必须着眼于英语学科思维品质的培育路径，善于抓住思维本质和特征，融合"思维理解""思维迁移"和"思维创新"三个目标，更加注重培育学生思维品质过程中的高中英语阅读教学设计。以"立德树人"为根本遵循，统筹多种教学方法和教学策略，兼顾系统性、合理性和科学性，实现阅读课程教学内容的整体性和有序性设计，运用体系配套的阅读教学评价，统筹综合规划和具体实践，进一步强调学生的社会责任感和科学探索精神，在教学过程中切实培养学生的思维能力、思维品格。

1.明确培育学生思维品质的目标

新时期，在英语阅读教学中要通过整体化和集成化的设计，科学合理地优化教学内容，兼顾学生的语言运用和思维培养，借助语言和思维的相互作用以及相互促进的关系，将阅读教学贯穿于理论系统中，扎根于实际生活中，进一步丰富学生的精神文化世界，使学生在学习和巩固英语综合知识的同时，提高自我表达能力和思辨能力，传导正确和积极的价值观和人生观。同时高中英语新课标明确指出，英语学科承担着提升学生的英语技能水平和发展学生的思维品质的任务，这意味着具备良好的思维品质是对所有学生培育的目标，阅读作为培育学生思维品质的重要手段和契机，必须依据《中国学生发展核心素养》等指南和纲要，改变原有阅读教学中机械化授课的问题，帮助学生透彻理解阅读内容，进而深度挖掘，积极思考和探索。

语言是思维的物质载体，语言的发展亦能促进思维的发展，所以在培育学生的思维品质的同时，还需要提高学生的英语语言能力。具体而言，包括三个方面。

①发挥感知功能。学生通过英语知识能够观察自然世界、社会世界和精神世界，从而认识和理解客观世界。所以教师在英语教学过程中需要注重教学方法和教学方式，结合英语学科的性质和特点，引领学生从不同角度对客观世界进行多维度的审视、分析和思考，增强英语核心素养的内在性、本质性和深刻性。

②激发涵养功能。英语学科知识一定程度上能够激发情趣、涵养精神和体验美好，这也是知识能够培养学生对英语学科的热爱，激发学习的兴趣，保持学习的动力的初始源泉。在教学过程中需要充分激发学生对英语学科的兴趣，使学生获得成就感。

③注重启迪功能。英语学科的知识和技能能够体现出英语本身的思维方式和表达方式。在教学过程中，要让学生深刻理解英语学科所独有的表达形式、思维方式、知识技巧，使学生能够经常表达自己的认识和思想。

2.设计培育学生思维品质的过程

为保证阅读教学培育思维品质的效果和质量，让学生逐步形成积极向上的英语思维情感和思维意识，设计主要包括三个方面。

（1）设计的原则

一是情境化。以激发学生内在学习兴趣和学习愿望为出发点，通过创设情境和主题情境将活动内容与学生生活建立密切联系，营造阅读思辨的氛围，激发学生表达的欲望；同时通过搭建语言实践平台，为学生提供足够的思考探索空间，引导学生发挥想象。

二是关联化。基于教材进行文本合理性整合和重构，让课堂实施具有情境和现实双重意义，既能符合学生获取知识和运用技能的实际，也能激发学生的思维潜能和思维活力。

三是可操作性。在开展阅读课堂教学活动时，除了确定活动内容，还应确保活动目标的达成。活动的具体实施需要兼顾学生的思维个体化差异、教师的教学风格差异、教学内容的主题化差异等多个方面，从而使得每个学生都能高效地参与到教学中。

（2）设计的流程

①整合阅读教学，实现思维品质培育去碎片化。统揽和整合以培育思维品质为目标的阅读教学，使英语阅读教学改变单个知识点的教学模式，实现思维培育的系统化、结构化和素养化。同时对零散的阅读资源进行关联分析和凝练总结，构建"听说读写"的教学方法，进一步加深学生对语篇和主题内涵的理解和感悟。

②融入情境教学，实现思维品质培育去僵硬化。构建和创设从真实情境中转换思维的学习路径，能够使学生产生情感共鸣。通过增强英语阅读学习过程的生活化、情趣化和思维化，能够让学生在学习理论知识的过程中形成认识问题、分析问题和解决问题的真能力。同时通过让学生亲自观察和亲身体会，进一步培养学生的形象思维能力和良好的思维习惯。

③执行深度教学，实现思维品质培育去表层化。倡导和突出围绕培育思维品质的深度教学模式，促进学生思维能力的发展、思维品格的提升、思维态度的形成。通过对各类教学资源细读、钻深、研透等方式引导学生对教学内容挖掘、揭示和再发现，发展学生的个性思维和批判性思维。

④强调活动教学，实现思维品质培育去惰性化。让学生真切参与教学过程，通过自我观察、自我分析和自我思考成为活动的中心和主体，进而实现手脑并用、学思结合和知行统一。同时通过开展以语言为内容，以听说读写为形式的言语实践活动，可以提高学生的素质，使得学生的英语运用能力、审美鉴定能力和思维理解能力获得提升。

⑤遵循自主教学，实现思维品质培育去依赖化。实施以思维品质为内涵的自主教学方式，提高学生自主学习的意识。同时通过因材施教，加强教学的针对性和科学性，培养学生独立学习、思考问题、解决问题的能力。

（3）设计的内容

一是基于小说阅读培育深刻的思维能力。以小说为素材开展阅读教学是培育学生逻辑思维能力的有效途径。一般来说，英语小说主要是以刻画人物为中心，借助完整的故事情节和翔实的环境描述来反映实际生活的一种文学形式的载体媒介。学生通过阅读英语小说，可以较为顺畅地掌握语篇自身的逻辑，领会作者编写该篇小说的真实意图和精神内涵。在英语阅读课堂教学中要善于引导学生基于质疑、分析、判断等手段形成与小说语篇的跨情境对话，使学生对内容有更深刻的理解。

二是基于戏剧文阅读培育创造性思维能力。以戏剧文为素材开展阅读教学有助于发展创造性思维能力。创造性思维的基础是想象能力，所以阅读教学中要注重培养学生的想象能力，引导学生以头脑相结合的方式进行阅读活动，鼓励学生进行自我表达，重视学生内在和外在的发展。

3.将思维品质的培育融入课堂教学过程之中

（1）探析词汇知识训练思维灵活性

英语学科思维的灵活性表现在学生能快速和及时地对所习得的知识做出反馈。词汇作为阅读教学中的关键要素和必要成分，所具有的多样属性是进行思维灵活性训练的天然因子。在英语阅读教学中，要帮助学生高效记忆、准确理解、熟练掌握词汇，可以利用多媒体等方式，立足词形，贯穿词义，构建意象，加深记忆，训练学生思维的灵活性。

（2）建构文本情境突出思维深刻性

阅读教学中不仅要注重语言知识和技能训练，还要突出对语言情境的创设和建构，使学生的思维能力得到有效发展。情境需要根据阅读课程内容和学生个体进行差异化和针对性创建，注重学生在情境中的思维感知和情感体验，进而促进不同类别的学生都能通过情境教学提升思维品质，唤起学生参与阅读的兴趣，同时尽量保证不同的学生都能够有话可说，有感而发。

（3）引导辩论讨论增强思维批判性

适当地猜测是有益的，它是启迪思维的支点、求索知识的起点。通过适度地质疑教学内容有助于学生改变固有的思维模式，有选择性地获取知识和技能，进一步强化自身对文本信息的判断能力。

（4）开展头脑风暴培育思维独创性

头脑风暴目的在于通过充分自由的想象和交流，从而获得新观念、新灵感和新设想，帮助学生发散思维，拓宽思维的广度。

4.运用评价促进学生思维品质的培育

测试和评价是英语教学的指挥棒，是检验思维品质培育效果的最重要的武器。在英语阅读教学过程中要不断收集、整合和利用评价信息，促进学生学习知识的同时，还能提高学生的思维判断力和鉴赏力。

（1）是否培养了分析与综合的习惯

是否通过对阅读语篇内容进行分解，能够引领学生认识事物的本质属性和特质，揭示部分与部分、部分与整体之间的关系，着眼培养学生厘清语篇脉络和剖析语篇结构的能力，达到对语篇内容深入理解和深刻分析。同时，是否在分析语篇的基础上，将各个部分的内容进行了归纳综合和整体思考，主要是从总体上对语篇内容进行把握，综合研判语篇中语句和词语间的逻辑关系，进而提升学生的综合思维能力。分析与综合既有区别，也有联系，特别是在英语阅读教学的活动中，不能断然分开和截取，而是需要采用统筹的方式培养思维品质。

（2）是否培养了比较和分类的习惯

比较思维可以理解为确定事物间相似和差异的唯物辩证思维，主要评价依据为是否通过对语篇内容之间的相似点和不同点进行细致化的深刻认识，是否通过对语篇内容进行多维度的比较，发现了其中的不同个性、特点和风格，是否通过比较差异化的主体内容和语言形式，揭示语篇所包含的本质特征和内涵。同时，是否在比较语篇的基础上，还遵照语篇描述对象的异同，把对象进行了分类思考，更好地抓住了语篇的内在特征，揭示了的内蕴和风格，培育了学生的思维品质。

（3）是否培养了抽象和概括的能力

思维抽象能力和思维概括能力是开展英语阅读教学的基础条件，主要评价依据为是否通过议论文的教学传授了学生抽象和概括的方法，是否搭建了教与学的桥梁和纽带，特别是引导学生对语篇主旨和价值进行总结，使学生形成系统化和立体化思维，构建关于英语知识的图谱系统，从而培养抽象和概括的能力。

（4）是否培养了联想和想象的悟性

是否引导学生借助联想和想象，思考体会语篇中描述的各种现象和内容，根据语篇中的素材知识，唤醒学生头脑中的相关情境，从而对文本信息进行重组。

（四）加强英语阅读教学中的文化渗透

1. 转变英语教学观念

首先，提高对文化渗透的重视。通常来讲阅读不仅指文字表达，更指文化渗透的过程。如果忽视文化因素，会导致学生对英语句式、段落及语篇出现理解性偏差。因此，教师应提高对文化渗透的重视，将文化渗透充分地融入英语阅读教学的不同环节和过程中。无论在课内阅读还是课外阅读，教师都应渗透相应的文化元素。

其次，摒弃传统以理论传授为主的教育观念。英语教师要想降低应试教育理念、思想对英语教学过程所带来的不利影响，就需要树立科学、合理的现代教育观念，以人为本，重视学生发展、满足学生需求。从满足学生需求的角度，提高学生的文化素养。在此背景下，学校应优化教学评价机制，降低知识性评价的比重，关注学生的情感态度、专业能力及文化素养，使教师可以全身心地投入英语阅读文化渗透的过程中。

最后，正确认识英语教育。学校应通过交流会、研讨会等方式，帮助教师明确英语人才培养的重点，使其明确英语学科所拥有的工具属性，从社会发展、国家建设及学生成长的角度出发，形成以文化带动语言教学，提高学生文化素养，增强学生语言应用能力的教学观念。当然在教学观念优化、改进及转变的过程中，英语教师还需要形成跨文化交际、传承中华传统文化的教学思想，使英语阅读教学能够充分发挥自身的文化传播功能。

2. 丰富文化导入方法

首先，摒弃理论灌输的文化导入方法，提高对"文化差异比较法"的应用程度。通常来讲，英语国家的文化背景知识，主要包括宗教信仰、传统节日、文化习俗、地理位置等内容。与我国传统文化所包含的传统民俗、地域习惯、文化思想存在鲜明的差异性。学生在英语阅读教学中，容易以中国传统文化思想和理念来理解英文篇章，因此在文化渗透的过程中，教师需要灵活运用"文化差异比较法"，帮助学生深入理解和认识西方文化、明确文章的主旨和内涵。

其次，提高现代信息技术的应用程度。在英语阅读教学中，教师可以通过多媒体展示视频、图片、文字的方式，展示西方国家的民俗传统、节日文化、思想观念及历史传统，调动学生参与阅读教学的兴趣，使文化渗透更形象、更生动。但在此过程中，英语教师有必要构建形式多样、内容丰富的文化素材库，并标注不同素材所对应的文化类型及课程章节。当然在此过程中，教师还需要对文化素材中的言论、思想及理念进行优化，使其更契合我国社会主义核心价值观，确保文化素材能够为学生带来正确的价值导向。

再次，积极开展各类文化活动。文化活动主要指学生的课外活动，如阅读文化书籍、报刊及网络文章，或开展英语文化辩论会等。通过开展形式多样的文化活动，教师可以培养学生探究、挖掘西方文化知识的意识。

最后，渗透传统文化知识。在英语文化渗透的过程中，教师应将中华传统文化融入英语教学中，发挥英语教学培养学生跨文化交际能力与传统文化传播意识的功能。在传统文化渗透的过程中，学生能够掌握用英语表达、诠释、解析、展示中华传统文化的方法，譬如要求学生阅读有关中国传统文化的英文文章。此外，在文化导入方法优化与改进的过程中，英语教师还可以将社会实践与阅读教学融合起来，使学生通过实践探究方式，明确文化渗透的重要性和必要性，从而更好地掌握英语阅读的技巧和方法。

3.加强英语教师培训

（1）提高教师的教材挖掘能力

要提高教材挖掘能力，教师必须明确文化渗透的内涵，理解文化元素的表现形式。唯有如此，教师才能将英文文章中所蕴含的经济、体育、社会、科学、风俗、地理、天文等文化内容，渗透到英语阅读教学的不同环节中。譬如，在文章中谈及航空等方面的内容时，教师应从西方航空史的角度对其进行拓展和延伸。此外，学校还需要从教师培训的角度出发，通过开展定期或不定期的培训活动，帮助教师明确英语国家文化对英语表达形式、表达方式所带来的影响；使教师了解中西方文化差异在英语阅读中的表现，从而真正地提高教师对文化元素的认识程度。

（2）丰富教师的文化知识

文化知识对教师开展文化渗透工作拥有鲜明的现实意义，但将文化知识作为教师培训的核心内容，势必会提高学校的成本投入。因此，在文化知识培训上，应以远程指导与自主学习为主。即通过线上指导的方式，明确教师学习文化知识的方向，如阅读书籍、浏览网页或下载文献资料等；通过教师的自我学习，逐渐丰富教师的西方文化与传统文化知识。

（3）提升教师的实践能力

学校要提高英语阅读教学中文化渗透的质量，就需要从教师的跨文化交际能力培养的角度出发，引导教师在跨文化交际的过程中，掌握文化渗透的方向、重点及关键。譬如，以顶岗实训的方式，将教师派到外贸企业实习，不仅可以提升教师的语言应用能力，还能提升教师的跨文化交际能力。此外，在教师培训的过程中，学校有必要构建出科学合理的评价机制，利用教师评价的方式，提高培训成效，使培训内容、培训方法、培训体系得到优化和改进。如通过对教师所掌握的文化知识进行评价，可以从培训内容的角度提高培训质量。而从教师的教学实践的角度对教师进行评价，可以帮助学校优化培训体系和培训方法，及时发现教师培训体系中所存在的问题。在此过程中英语教师可以更好地掌握文化知识、跨文化实践技巧，提高英语阅读教学中文化渗透的实效性和有效性，促进学生的全面发展。

（五）优化高中英语教师阅读课堂组织策略

1. 使用多元化的课堂组织策略

组织策略的单一性要求英语教师使用多元化的课堂组织策略。作为高中英语教师，要实现其阅读课堂的终极目标，就需要在阅读课堂中运用丰富的课堂组织策略类型，因此这就需要教师首先掌握课堂组织策略方面的理论知识。

（1）高中英语教师应夯实课堂组织策略等理论基础

高中英语教师在教学过程中会遇到各种现象、各种问题，解决这些问题需要有大量的理论知识作指导。在高中英语阅读课堂中，英语教师要了解常见的课堂组织策略类型、每种课堂组织策略的内涵、每种组织策略的作用、每种课堂组织策略的不足、每种课堂组织策略的操作方法、每种课堂组织策略的应用时机。英语教师只有掌握了大量的理论知识，才能更好地解决教学中发生的各种问题。

（2）高中英语教研活动应具备丰富的实质性内容

教研活动是英语教师之间取长补短、互相学习的重要途径。学者吕洁、骆北刚提出了结构性评课的内涵、操作及案例，结构性评课是一种依据课堂教学的构成要素进行的评课。一般来讲，课堂教学的构成要素包括教学步骤、教学活动、教学互动类型以及教学所关注的学生能力这四个维度；结构性评课是教师依据课堂教学的结构性要素对教学进行不同维度的分析，以发现授课教师课堂教学特点的评课方式。结构性评课的特点，包括整体性、过程性和效果聚焦性。整体性指在结构性评课中评课者需关注课堂教学的步骤、活动、互动类型等。过程性指在结构性评课中评课者应依据课堂教学的设计和实施流程对课堂教学进行评价。效果聚焦性是指在结构性评课中教师需关注学生学习的效果，具体包括学生语言能力或者思维能力的发展。

结构性评课的具体操作过程如下：首先，撰写听课记录，听课记录的内容包括教学步骤、教学活动、教学内容、活动实施环节、每个环节所用时间、典型的课堂组织语、典型的学生学习行为、其他细节等部分。撰写听课记录是结构性评课的基础。其次，教学四维分析，在结构性评课中英语课堂教学听课评课的三个维度是步骤名称、教学活动、互动类型。最后，填写结构性评课分析表。结构性评课分析表是评课者在获得听课记录后对教学步骤、教学活动、互动类型和阅读能力类型确认后构建的评课分析表。

2. 灵活运用课堂组织策略类型

（1）高中英语阅读课堂导入阶段的组织策略类型

在高中英语阅读课堂导入阶段，教师是课堂活动的主体。新课的有效导入，不仅需要教师深入研读阅读文本，而且还需要教师深入了解学生的需求。新课导入既不是头脑风暴，也不是随意发挥，而是要经过英语教师的用心设计，新课导入的方式和手段对提升学生英语阅读兴趣起着关键的作用。结合英语核心素养对英语学习能力培养方面的要求，英语核心素养理念下的阅读课堂导入可以应用以下四种课堂组织策略。

首先，情境式课堂组织策略可以作为导入阶段的首选策略。创建情境主要有以下三种途径：①提问式带入情境。在上阅读课前，英语教师可以直接对学生提问，直接进入情境，让学生进行思考，之后回答问题。②幻灯片式呈现情境。英语教师可以利用多媒体中插入的图片、视频、音乐等形式进行新课程内容的导入。③生活场景式再现情境。英语教师借助生活场景等形式进行新课程内容的导入，帮助学生迅速进入本节阅读课程的主题，将自己的实践经验与阅读文本相结合。此时情境式课堂组织策略的灵活运用可以很好地让学生进入新课内容，也可以帮助学生对接下来的阅读任务主题有更为准确的预测。

其次，在英语阅读课堂导入阶段，思维式课堂组织策略的应用可以激发学生的思维，使学生思考与阅读主题相关的背景知识，更好地理解文章主题，启发学生的阅读动机。

再次，情感型课堂组织策略的运用可以快速破冰，让课堂气氛活跃起来。教师可以完成以下两方面的工作：①营造情感和谐的课堂环境。人类能够改造自然环境，反之，环境也可以反作用于人的内心感受。在英语阅读课堂中进行情感教育，和谐的班级环境是前提，因此，英语教师需要营造融洽的课堂环境。此外，英语教师需要打破常规式的管理模式，建立相对民主、和谐的管理方式。②深挖阅读主题中的情感因素。在高中英语阅读课堂上，英语教师要深度挖掘蕴含在文章主题中的情感因素，以熏陶学生的情感，培养学生高尚的人生观与价值观。

最后，互动式课堂组织策略的合理应用可以很好地帮助教师激发学生的学习热情。互动式阅读教学以学生参与为切入点，入境才能生趣，才能产生求知的欲望，进入静心阅读状态，进而为下一步阅读教学策略的预设打下基础。

因此，在高中英语阅读教学课堂导入阶段，教师可以对情境式课堂组织策略、思维式课堂组织策略、情感型课堂组织策略、互动式课堂组织策略加以灵活运用，从而发展学生的理解能力、辨认能力、推断能力。

（2）高中英语阅读课堂热身阶段的组织策略类型

在高中英语阅读课堂热身阶段，学生是课堂活动的主体。教师要通过对学生进行引导和鼓舞来使他们积极参与到课堂活动中来。

首先，情感型课堂组织策略的应用在热身阶段可以发挥积极作用，情感教育要以热身活动为载体，通过热身活动引发情感体验。学生要做到积极参与热身活动，前提是教师要帮助学生克服各种不良情绪。学生的不良情绪主要包括忐忑、消沉、急躁、焦虑、忧伤、郁闷及倦怠等几种类型。这些不良情绪的成因可能来自以下两个方面：①人际关系与性格原因造成的胆怯自卑。由于受到教师或家长的批评，或是和周围同学的紧张关系，学生会自卑敏感，情绪消沉。②某些周围关系的影响。例如有些学生某段时间，会因为家里发生的事情无法专心学习，记忆力不集中，情绪低沉。英语教师要让学生学会自我调节，通过谈话及劝解进行情感开导，帮助学生走出迷茫。

其次，主体参与型课堂组织的策略也很重要。学生在这个阶段通常需要参与回答问题、歌曲律动、分组讨论、知识竞赛等多种互动，学生必须积极地参与到活动中去。

再次，互动式课堂组织策略在热身阶段的使用不仅极大地解放了教师，而且拓展了学生的学习空间，挖掘了学生在英语深度阅读中的巨大潜力。它给学生搭建了足够的自主合作与才艺展示的平台，这样的课堂更具灵动性。随着英语课程改革的不断深入，相信英语阅读课的互动教学一定会真正落到实处，让学生从中受益。

最后，合作学习型课堂组织策略在热身的应用也相当重要。小组之间可以就教师所给出的任务进行合作，齐心协力与别的小组进行竞争，提高学生在课堂中的参与度。

总之，在高中英语阅读教学课堂热身阶段，教师可以对情感型课堂组织策略、主体参与型课堂组织策略、互动式课堂组织策略、合作学习型课堂组织策略加以灵活运用，从而发展学生的理解能力、辨认能力、记忆能力、应用能力。

（3）高中英语阅读课堂呈现阶段的组织策略类型

在高中英语阅读课堂呈现阶段，课堂活动的主体是英语教师。教师经常会提前告知学生应该学习新课内容以及完成一些学习任务，然后带着自己学习之后的问题在阅读课堂中统一交流。

首先，在呈现阶段教师要很好地运用翻转课堂型组织策略，应提前准备好学习材料，并且学会安排学生的学习时间，帮助学生去养成自律的学习习惯。翻转课堂型组织策略学习成果展示方式有四种：①选择由某个小组成员代表小组呈现结果；②选择小组成员之间合作呈现；③教师自己呈现学生的学习成果；④全班学生集体呈现学习成果。呈现方式与呈现人员的确定，可根据不同的学习任务来进行。但对于呈现学习结果的学生，要有一定的要求：声音洪亮、语速适中、表达清晰、不得超时。

其次，在呈现阶段教师需要为学生清楚地呈现阅读中的要求与任务。教师在为学生呈现问题时，要灵活地运用任务驱动型课堂组织策略。教师在呈现任务时，要注重以下原则：第一，问题难易程度的合适性。教师呈现给学生的问题，要能体现学生的阅读水平，问题过于简单则达不到对教材认真阅读的效果，问题太难则会挫伤学生的自信心。第二，问题的逻辑性。教师呈现给学生的问题，应当具有逻辑性。每个问题之间应当是层层递进、紧密联系的关系。

再次，阅读课堂的内容如何呈现？应该选取什么样的呈现方式？这就需要教师对互动式课堂组织策略灵活运用。研究者根据课堂观察与自身经验，提出以下两种呈现内容时可选择的媒介：①黑板全面呈现法。由于每个学生的阅读水平有差异，因而阅读目标、动机、态度、策略、习惯也不一致。对于个数较少的问题，教师可以把问题直接写在黑板上，写的时间可以让学生有一个思考的过程，有些学生也会自觉地抄写教师所写的问题，养成记录笔记的好习惯。②PPT 呈现法。PPT 呈现问题，最大的优势就是省时省力，尤其对于多个很长的问题，教师提前设计进 PPT 中，可以节省课堂时间，节省教师体力。一位英语教师一般至少带两个教学班，如果教师一直要写很多问题，就占用了组织其他课堂活动的时间。

最后，在呈现阶段教师尽可能多使用主体参与型课堂组织策略。教师主要负责给出问题，让学生自己阅读文本，与阅读文本进行良好的互动。有些教师出于对学生的不放心，经常带着学生逐字逐句地翻译文本。教师所给出的理由是学生基础薄弱，无法独立阅读。其实，教师可以提前让学生把生词圈出来，查阅书后面的单词表，这样可以保证学生自己阅读。阅读文本中含有有趣的故事、丰富的哲理、深刻的思想，学生只有自己亲自阅读，才能体会到阅读的乐趣，才能培养发散性思维，训练阅读能力。

总之，在高中英语阅读课堂呈现阶段，教师需要对翻转课堂型组织策略、任务驱动型课堂组织策略、互动式课堂组织策略、主体参与型课堂组织策略进行灵活应用，有意识地培养学生的理解、辨认与推断能力。

（4）高中英语阅读课堂练习阶段的组织策略类型

在高中英语阅读课堂练习阶段，课堂活动的主体是学生。高中英语阅读文章体裁不一，主要有记叙文、说明文和议论文。针对不同文章体裁的具体特征，教师需要设计提取信息、猜测词意、寻找段落或文章主旨句、判断句子表述正误、细节填空、概括文章主题等多种课堂活动去训练学生的阅读能力。

首先，主体参与型课堂组织策略在练习阶段的应用可以保证学生自己去阅读、去思考。总的来讲，学生对一篇阅读文本的理解程度包含三个层次：对阅读文本的表层理解、对阅读文本的深度理解和对阅读文本的评价性理解。然而，在高中英语阅读课堂中，多数学生只能达到对阅读文本的表层理解，很难有更深一步的感悟。常规的高中英语阅读教学中容易出现目标定位偏差、学情分析不到位等现象，教师舍不得放手，习惯自己解释，使学生成为被动接受知识和方法的"客体"，其主观能动性难以发挥。文本解读的有效性取决于教师自身的教学理念与组织策略，因此，英语教师必须给予学生自己阅读的过程，只有学生自己阅读了，学生才会产生观点，学生才会有思考，学生才会有感悟。

其次，互动式课堂组织策略在练习阶段的运用可以帮助学生更好地理解语篇信息。在训练阶段，互动形式主要是学生与阅读文本之间的互动。学生与阅读文本之间的互动，可以为学生创建一个安静的阅读环境，保证每一个学生可以安心阅读。

另外，学生在与阅读文本互动时，可以完成以下几个方面的任务：①准备笔和笔记本，遇到不懂的句子、生词，就圈出来，并记录自己的阅读感悟；②找到问题的答案写下来；③找出自己觉得写得好的段落句子，积累好词好句，积累写作素材，锻炼自己的写作能力；④边读边写关键词，绘制思维导图，自己概括文章的主旨。

再次，任务驱动型课堂组织策略在练习阶段的应用可以落实学生的主体地位。教师要觉悟到，在高中英语阅读教学过程中布置任务时不能只注重传授知识，还要训练学生思考语篇主旨的能力，这样才能够提高学生的思维能力，从而提高英语阅读水平。当教师过于注重细节时，学生就会感觉只要遇到一个生词就难以阅读整篇文本。所以，英语教师要引导学生培养从整体把握细节的思维模式。这样学生才可以把握文章中心主题与中心思想，即使遇见个别生词，也不影响对文章的阅读，从而训练学生对于语篇的理解能力，促进阅读能力的发展。

最后，情感型课堂组织策略在训练阶段的应用可以使学生保持阅读兴趣。在学生感到困惑的时候，教师可以运用情感型课堂组织策略去鼓励学生。开展英语阅读教学不仅仅是为了提升学生的阅读能力，更在于开阔学生的眼界。所以，单是英语阅读课堂中的阅读内容难以满足学生的阅读需求，教师还需要在教学过程中增添书本以外的阅读素材，根据学生的爱好及实际阅读水平挑选合适的阅读材料，让学生认识到阅读过程中理解文章内容的重要作用。此外，教师还可以为学生推荐一些好的英文报纸、经典原著、英文电影，丰富学生的阅读内容，增加学生的阅读量，培养学生的阅读习惯。

总之，在高中英语阅读课堂训练阶段，教师需要对主体参与型课堂组织策略、互动式课堂组织策略、任务驱动型课堂组织策略、情感型课堂组织策略加以利用，发展学生的辨认能力、理解能力、提取能力、推断能力、概括能力，培养学生的批判性思维。

第四节　高中英语口语课堂教学策略

一、学生层面

（一）应该具备扎实的基础知识

"千里之行，始于足下"，学生应当明白，"听说读写看"这五项综合能力在英语学习中是最基础也是最重要的。学生应该牢牢抓住课堂的基础知识技能训练，抓住课后家庭作业的巩固练习。一般学校每周有两次听力练习，所以学生应该认真对待学校组织的公共教学活动，保证自己认真参与，提高听力能力；当教师在阅读课中让学生进行默读和大声朗读时，学生也应当集中注意力完成阅读任务；同时每周三次的英语早读，正是学生记忆单词、背诵课文最好的时段，学生应当抓紧记忆、背诵、预习，为下节课的学习打下基础。此外，学生应当认真完成每日课后英语作业，及时巩固语法知识、提高写作能力等。当学生具备足够扎实的英语基础时，口语匮乏的问题自然能够得到缓解。

（二）应当树立正确的学习动机

在目前的高考中，虽然有设置口语考试，但学校的教学重点依然放在笔试上。即便如此，学生个人也不能放弃对英语口语的学习。学生应当明白口语能力是在英语交际环境中至关重要的能力，而不是认为英语口语可有可无。调查发现，学生的学习态度是可以通过参加课堂口语活动发生变化的，并且当学生秉持积极态度进行口语学习时，口语成绩也能够有所提高。因此，学生应当端正态度，积极主动地参与到课堂和课后的口语学习中去。同时学生应当树立自信心，不惧怕犯错、不惧怕说英语，在课内主动参与口语活动，课外积极了解口语知识，由内而外地认可口语学习的重要性。

（三）应当积极了解各类口语学习策略

在融媒体时代背景下，英语学习不应局限于传统的读书、背书、做题，而是合理运用网络技术，丰富口语学习的方式，如通过观看英语电影、收听英语歌曲、阅读外国绘本等。目前的高中生好奇心强，敢于接受新鲜事物，因此对他们来说，这些新颖的口语学习方式更容易接受。当学生掌握各类丰富的口语学习方法后，便更容易由短暂的兴趣转化为长久有效的学习，进而提升英语口语水平。

二、教师层面

（一）转变教学模式和教学方法

教师要根据学生已有的英语水平、学生学习英语的实际能力，设置情境对话、角色扮演等灵活多样的教学模式，这样不仅可以激发学生学习英语的求知欲和好奇心，还可以调动学生学习英语口语的热情、营造优良高效的高中英语课堂教学氛围。在英语教学中，教师要灵活利用英语教学资源，充分挖掘英语教材，精心准备一些贴近学生日常生活的热点口语话题，有效增强英语课堂教学的生动性和趣味性，充分调动学生英语口语学习的积极性。教师还可以在课堂上开展英语演讲比赛、英语话剧表演等活动，充分调动学生练习英语口语的主动性和积极性。通过开展丰富多彩的英语教学实践活动，不仅可以创设真实、有趣的英语口语教学情境，还可以给学生提供更多形象、生动的英语口语实践机会。

（二）要以教学目标为出发点

教师应当避免为了展现"情境"而去设计过多与知识契合度不高的口语教学活动。在部分融媒体辅助的口语教学中，课堂气氛看似活跃，但实际喧宾夺主，未能将教学落实于口语能力的提高。

以某语法课为例，授课主题为帮助学生学习现在完成时态的用法，笔者在导入环节播放了一首英文歌曲，试图让学生通过融入歌曲中的情境，理解现在完成时态应在何种语境中使用。但通过课堂观察以及课后反思发现，无论通过何种方式展现情境，最重要的目的是展现口语任务以及达成教学目标，而当学生因为歌曲或视频分散了注意力、忽视了口语知识的学习时，则失去了口语情境教学的意义。

不仅如此，一些拘泥于形式的口语情境教学还会造成学生注意力的转移，这就导致教师需要花费更多的时间将课堂内容重新集中于教学目标，耽误了课堂教学进度，容易造成课堂节奏失控、课堂教学内容倒置的情况。

因此，教师在选择口语情境教学方式时，既要考虑教学活动的趣味性，又要考虑教学活动的教学目标和预期课堂效果，使得口语情境教学中的每一个环节都能紧紧围绕课本知识，并且防止设置一些与教学目标无关的口语教学活动，真正立足于提高学生的口语水平。

（三）要具备扎实的英语教学能力

1. 需要掌握丰富的教育教学理论

在口语情境教学中发现，当未对情境教学法的适用情况以及优缺点进行充分了解时，便急于将情境教学法应用于课堂教学中，会导致教学法的应用只是浮于表面，并不能帮助学生更深入地理解知识。运用情境教学法的目的在于通过创设情境的方式，引发学生思考，为学生提供一定的暗示和启迪，而不是创设情境后就急于进入下一步教学环节，未能充分发挥情境教学法的教学功能。因此，教师在运用一种教学法之前，应当深入了解该教学法的理论基础、应用现状、优缺点以及运用的具体步骤和策略等，做好教学理论和教学方法的透彻研究，以保证教学法能够更好地发挥其效用。

2.应当合理运用一些课堂管理策略

当实施一些口语活动时，班中学习态度良好的学生能够做到积极参与、认真学习，但是一些后进生则有可能浑水摸鱼、注意力分散。这就需要教师做好课堂管理，及时关注班中学生的学习动向和课堂状态。在课堂气氛较为低沉时，及时地运用一些教学手段帮助学生重新集中注意力专注于课堂学习；在课堂气氛过于高涨时，教师也应当及时"灭火"，让学生的心情平复下来，让学生保持一个良好的状态认真投入学习活动中去。

3.应当做好教学评价

课堂上一部分学生不愿意说英语的原因是，学生害怕说错之后教师给出一些消极的评价，或是学生觉得在全班同学面前出错是一件丢脸的事情。因此，教师在学生回答问题时，无论学生的回答正确与否、发音是否流畅，教师都应当给予学生一些正面积极的评价，不应打击学生的自信心和自尊心；即便是在纠错时，也可通过一些委婉的方式告知学生，这样才能够让学生在未来的口语活动中，不惧怕犯错，有勇气说英语。

4.需要及时进行教学反思

在教学过程中，常常会出现实际课堂教学内容，或是课堂教学预期与教案不相符的情况。当教师在实施一些口语教学活动出现偏差时，教师在课后应当及时反思，思考是何原因导致活动设置不符合预期的，并争取在未来的口语教学活动中做出改进。

（四）克服心理障碍，引导学生健康成长

在心理方面，不要让学生有过重的思想包袱，要帮助学生找回学习英语的自信。在课堂教学中，教师通过自己的言行、举止等方式向学生传递鼓励、信任的信息，也可以提前挑选一些适合学生进行英语交流的话题，比如谨慎交友、未来规划等适合学生讨论的话题，并采用分组形式模拟话题场景，分角色进行情境对话的练习，激励学生敢于开口说英语。话题结束，教师要根据学生的表演情况进行分组点评，对口语能力较好的学生给予充分肯定，对口语能力较差的学生也要积极引导、多多鼓励，帮助学生克服胆怯、自卑心理，有效缓解学生学习英语的焦虑情绪，并指出学生的不足之处及改进措施。

第五节　高中英语语法课堂教学策略

一、学生层面

（一）掌握规律，增强词汇

单词关是语法基础，记忆单词有技巧。英语是按发音走的，单词字母和音标之间一一相对。由于发音和音标拼写之间联系紧密，高中生记忆单词应依据单词音标来背。只要把单词读准，就可以拼写出来。

（二）学练结合，善于纠错

语法模块总结整理完成后，要进行实践应用。如学完时态语态后，先写出日常实用句型，然后对其进行变形练习，如将一般现在时句型转换为一般过去时等，再将主动语态变为被动语态等。如果有困惑的地方，学生应主动翻看语法书找寻原因，形成独立见解，善于在总结中纠错。当获得心得后，再在阅读理解中反复实践练习，翻译句子，检验段落理解的成功率。

二、教师层面

（一）加强语境教学法的应用

1.立足课本素材，合理创设语境

（1）结合阅读素材，精准进行解析

阅读是高中英语教学的重点，学生阅读能力的高低在很大程度上影响着学生的英语综合水平，影响着学生的高考成绩。英语课本中的阅读文章包含着丰富的语法知识，阅读文章本身就为语法知识的学习创建了语境，同时，若没有掌握相应的语法知识，学生也很难真正地了解阅读内容的具体含义。这也让结合阅读内容创设合适语境有了积极的现实意义。因此，在高中英语教学中，教师需要结合阅读内容构建合适的语境，并结合阅读内容讲解相应的语法知识，将阅读教学与语法知识教学有效结合起来，切实提高语法教学效率。

例如，教学"Living Legends"这一课时，教师就可以加入"语法小课堂"环节，让学生对课文中应用的语法展开探究，并对以前学习的语法知识展开回忆，如动词的第三人称单数变形、名词的单复数等。教师还可以引导学生在文章相应的位置做好标记，让学生明白英语学习中语法无处不在。这样，通过课文创设语境，教师将阅读教学与语法教学结合起来，在学生学习语法的同时培养了学生的阅读能力，可谓一举两得。

（2）开展对话活动，创设对话语境

口语教学是英语教学的重要内容，在国际交流日益频繁的情况下，再延续过去重阅读而轻口语的教学方法是不合适的。高中英语教材中有相当多适合进行口语练习的素材，而口语能力的培养同样需要以语法知识为指导。相比阅读，以口语活动创设语境能让学生充分参与，对于学生学习积极性的提升有着巨大的作用。因此，在高中英语语法教学中，教师需要积极开展对话活动，为学生创设相应的语境。

2.利用信息技术，创设形象语境

（1）引入动画素材，创设趣味语境

相比单纯的语境，视频不仅能导入具体的语言，还能调动学生多种感官，给予学生足够的感官刺激，推动学生更加积极、主动地开展对语法知识的探究。相比电影和纪录片，动画素材在激发学生兴趣方面表现得更加稳定。近年来，互联网的快速发展为教师提供了更加多样的素材，这为教师更加形象地创设语境提供了较大的便利。因此，在高中英语语法教学中，教师需要积极引入动画素材，为学生创设富有趣味性的语境。

例如，在"形容词"相关语法知识的学习中，教师就可以引入动画电影《冰雪奇缘》的"采冰人之歌"。由于是以动画视频的形式进行导入的，教师能发现学生的注意力被充分吸引。尔后，教师就可以引导："我们发现，这首歌曲中用了很多形容词，那么你们能找出它们吗？"在学生寻找的过程中，教师可以将"Sheer""Sharp""Stronger"等形容词展现到多媒体屏幕上，学生发现这些形容词形式都是不同的，既有原本的形态，也有比较级。这时，教师就可以在多媒体屏幕上展示形容词比较级和最高级的知识，让学生结合"采冰人之歌"开展语法学习。通过应用动画素材，教师有效创设了充满趣味的语境，让学生在之后的探究活动中表现得更加积极，从而深入学习了形容词比较级的语法知识。

（2）结合听力培养，引入听力素材

应用信息技术的作用不仅仅是创设语境，在教授学生语法和单词时，视频方式本身就能有效培养学生的听力。将听力教学与语法教学相结合能让视频素材和语境发挥更加巨大的作用，这对于教师更加有效地培养学生的英语能力产生积极的影响。因此，在导入信息化素材时，教师需要积极将听力素材与语法素材相结合，以同一个语境的创设让学生获得收获。

例如，在日常的听力教学中，教师可以以名人演讲的音频为素材，一方面让学生完成听力练习的题目，另一方面让学生对其中的精彩句子展开分析。如在完成马丁·路德·金《我有一个梦想》相关的听力题目后，教师可以引导学生就其中的经典句子"I have a dream that one day even the state of Mississippi, a state sweltering with the heat of injustice, sweltering with the heat of oppression, will be transformed into an oasis of freedom and justice."所用的语法知识展开探究。提问学生："同学们，这是一个简单句还是复杂句？它应用的从句是什么从句呢？"学生能充分认识到这句话应用了同位语从句，这对于学生进一步地学习从句有着相当大的作用。

3. 利用游戏活动，促进学生参与

（1）开展趣味游戏，感悟语法意义

过去，对于语法意义和应用技巧的掌握主要依赖课堂练习。而单纯的练习是缺乏吸引力的，甚至会让学生产生厌学情绪。以游戏活动为形式展开课堂练习能有效激发学生的兴趣，对于学生更好地感悟语法的含义有着巨大的作用。如今，借助信息技术，教师可以利用更加多样的游戏形式，有利于进一步激发学生的学习动力。故在高中英语语法教学中，教师需要积极利用游戏创设相应的语境，让学生更好地感悟语法的意义。

例如，在"虚拟语气"这一语法知识的学习中，教师就可以利用电子白板、多媒体教学设备等信息化手段开展充满趣味的游戏活动。在这一游戏中，屏幕的上方展示语境，屏幕的下方出现答案，而学生则需要在答案触及电子白板或者多媒体屏幕底端之前选出正确答案。如"If I （ ） you, I would take an umbrella."这一题目，学生就需要选出"were"。在这一人机交互游戏中，教师发现学生十分积极。这样，通过趣味游戏，教师为学生创设了合适的语境，提高了学生对语法知识的学习效率。

（2）借助竞赛语境，使用语法规则

成就感是激发学生学习积极性的重要因素，因此，如何有效提高学生成就感成为教师需要思考的一个问题。竞赛活动是一种具有独特魅力的游戏活动。在高中英语语法教学中，将竞赛活动与语境教学法相结合能有效提高学生学习的积极性，让学生投入教学活动中，更加积极、主动地思考，掌握和应用语法规则，从而切实提高学生的英语语法学习效率。

例如，在高三的语法知识复习中，教师可以开展语法知识大比拼活动。教师可以将学生划分成人数合适的小组，以小组对抗的形式展开比赛，比赛的内容为日常所练习的题目。即教师为学生创设具体的语境，让学生依据所学语法知识选择合适的答案。每个学生回答正确一个问题，即为所在小组积两分，回答错误则扣一分。教师发现，相比比赛的前半段，比赛的后半段学生的正确率更高。这样，借助竞赛语境，学生更好地学习了语法规则。

4.布置相关作业，培养应用能力

（1）充分联系生活，布置实践作业

任何知识的学习都只有在生活中才能真正发挥其价值。在语法教学中，只有充分联系日常生活，教师才能有效培养学生的知识迁移应用能力，将语法知识与生活实际充分结合。生活化教学是将教学情境置于生活中的一种教学方法，能有效培养学生的知识迁移应用能力。因此，要让学生更好地掌握并应用语法知识，教师需要创设生活化语境，布置生活化作业。这样，教师才能有效发挥情境教学的作用，切实培养学生的知识应用能力。

例如，在"方位介词"相关语法知识的教学中，教师可以给学生布置作业，让学生结合生活实际设计对话活动并在课上表演。在这一过程中，学生可以结合问路和寻找某种物品的生活实际创设合适的情境，以此构建相应的语句。由于与生活密切相关，学生能充分认识到方位介词在生活中的应用情境。通过结合生活布置实践作业，教师为学生创设了学习方位介词相关语法知识的语境，让学生将英语语法与生活结合起来，提高了学生将语法知识应用到生活中的能力。

（2）利用多样软件，创设合适情境

在课后作业中，语境的创设能有效提高学生的学习效率，但作为一门第二语言，在学生的日常生活中，英语学习是缺乏具体语境的，而以小组合作为主的实践与情境对话活动在很多时候也存在一定的限制。信息技术的发展为教师提供了多种辅助学生的软件工具。利用这些软件，教师能有效在课下为学生创建合适的语境，这对于学生更好地学习英语，理解语法知识有着积极的影响。因此，在高中英语语法教学中，教师需要利用多种软件，为学生创建合适的情境。

例如，在"动词时态"相关内容的学习中，除了书面作业外，教师还可以利用移动终端向学生布置相关的配音和对话作业。利用英语学习软件，教师可以向学生布置"胖达为何三心二意"的配音作业。在这一视频中，有"What are you doing?" "Stop talking." 这样应用动词现在分词的句子，也有 "Nope! I matched this amazing girl on an online dating site." 这样应用动词过去式的句子。通过这样的配音活动，学生能充分了解动词现在分词和过去式的应用情境。这样，通过移动学习终端和相应的软件，教师以合适的方法在课下更好地为学生创建了良好的语境，不仅让学生更好地了解了动词时态和语态的相关知识和应用情境，而且还有效培养了学生的口语和听力能力，可谓一举两得。

综上所述，语境教学法对于新课改在高中英语教学中落实有着积极的促进作用。在实际教学中，教师一方面需要立足课本素材，创设合适的对话和作业情境，另一方面需要利用信息技术和游戏活动有效激发学生学习语法的兴趣，提高学生的参与度。教无定法，只有将语法知识学习与现代教育技术、教育方法相结合，教师才能更好地将语境教学法与语法教学相结合，有效提高教学效率，满足当今教学对学生越来越高的要求。

5. 创设真实情境，奠定学习语法基础

在高中英语教学中，教师要充分认识到英语是一门国际通用语言，英语教学的最终目的是语言的运用，应该在教学过程中为学生创设真实的情境，把语法知识渗透其中，为学生奠定语法学习的基础。

例如，在教学被动语态这个比较枯燥的语法项目时，教师可以选择"旅馆"这个情境，师生角色扮演，进行日常问询，将主动语态变为被动语态。当表演迎宾的场景时，教师问学生 "What is done in a hotel?"，并给出一个参考回答 "We welcome guests."。同时，再给出一个被动语态的表达 "Guests are welcomed（by us）."，然后再模仿其他旅馆中的场景，引导学生有针对性地说出主动和被动的表达，或者教师说出主动语态，让学生变成被动语态表达，如 "We list prices." 与 "Prices are listed（by us）."；"We serve meals." 与 "Meals are served（by us）."；"We provide breakfast." 与 "Breakfast is provided（by us）."；"We clean rooms every day." 与 "Rooms are cleaned（by us）every day." 等。教师通过这样教学，导入被动语态的构成特点，即被动语态由"助动词 be+ 过去分词"构成，将主动语态的宾语变为被动语态的主语，将主动语态的主语变为"by"短语（在被动句中用作状语，根据情况可省略）。这样，学生在学习过程中产生了一定的类比、推理或联想，通过举一反三认识了被动语态，掌握并学会了运用被动语态，从而达到深入理解并加深记忆的目的。

6.设置探究活动，培养学习语法思维

新课标指出，思维品质的培养目标是学生能辨析语言和文化中的具体现象，梳理、概括信息，建构新概念，分析、推断信息的逻辑关系，正确评判各种思想观点，创造性地表达自己的观点，初步具备运用英语进行独立思考、创新思维的能力。为了培养学生的思维品质，教师可以设置自主探究活动，组织学生开展基于语篇的观察、分析、概括、改写等学习活动。

7.整合情境要素，增强学习语法的文化意识

新课程理念要求学生能够在语言学习中获得文化知识，理解文化内涵，形成跨文化交际意识和能力。教师需注意整合教学资源，从细节入手，深入挖掘潜藏于教学材料中的与文化相关的符号和要素，创设多要素整合的真实情境来唤醒学生的文化意识。教师要有意识地结合语言教学渗透国家文化，引导学生加深对中国文化的理解和认知，进而传承中华优秀传统文化，增强民族自豪感。

语言是人类交流的工具，它源于现实生活，又运用于生活，因此，英语语言的学习更不能离开生活。要想让学生发现英语语法学习的乐趣，教师就要善于在英语语法教学中融入生活元素，设置真实情境。只有在真实的生活语境及交际活动中，学生才能更加快速、有效地形成运用英语的能力。

（二）将微课应用于高中英语语法教学

1.语法微课设计原则

（1）以学生为中心的原则

学生是学习的主体，所有的微课学习都围绕着学生的学习活动开展。所以在设计微课时，一定要以学生为中心，仔细分析学生的学情。教师应根据教学对象的年龄、认知水平、情感态度、学习能力等情况，结合教学的内容，确定恰当的、符合学情的教学目标，确定教学重点和难点。同时要注意的是，微课应用于语法教学时，要以学生为中心，学生作为学习的主体，同时也要发挥教师的主导作用，在学习过程中辅导学生，指点答疑。在微课的表现形式上，也要以学生为中心来设计。由于学生的注意力时长有限，在微课的内容设计上，应贴近学生生活，关注学生的兴趣点，从而增强学生的学习兴趣，最终能提升学生的学习专注程度。

（2）内容选取科学原则

并不是所有内容都适合用来设计成微课。针对语法复习教学的微课，应该以教学重点和难点为核心，精简内容。微课容量小，一节微课代表一个小专题，难度适中。难度系数过高，学生理解起来困难，超出其自学能力范畴；难度过低，则难以服务于语法教学目标，学生自学的热情和成就感也会较低。一节微课教案应该包括教学目标、教学内容、学情的分析，以及教学的基本步骤，所使用的教学方法，教师提出的主要问题等，而且教学流程的设计一定要控制在 10 分钟内。在这个时间段内，微课要围绕具体的一个知识点来展开设计。教学内容设计应短小精悍，贴合教学目标，有激趣导入、知识讲解、应用练习和巩固反馈这几个环节，层层递进。

2.语法微课教学的模式

（1）语法微课设计

①确定主题。选择微课的主题要聚焦到某个问题点，或解决一个问题，说明一个概念等。选择"聚焦"的知识点；将大课题分割成几个小的主题分别制作；每个微课主题涉及的知识范围不能太广，保证能用 3 ～ 10 分钟讲清楚。

②选择类型。微课同样需要一个完整的教学过程，主要包括下面的环节。讲授型微课：包含课程引入部分（可以使用情境引入，或者复习知识点引入），课程主体部分（课程内容），课程结尾（可以提出一个问题或任务，给出反馈途径）。专题型微课：包含多知识点的多种方式展现，如图片、视频、音频等。启发类微课：包含情境的交代、问题的提出。演示型微课：包含实验流程设计、具体操作、实验现象及结论。习题讲解类微课：包含题目介绍、解题过程、答案、总结等内容。微课的教学过程设计需要融入教师的教学法知识，因此可以根据课堂设计的想法来套用微课的设计。

③设计脚本。制作微课需要制定脚本大纲，它包括画面出现的先后顺序、配音文字、画面布局、素材形式以及时长等内容。脚本大纲的设计要以教学目标为设计出发点，以学生需求和特点为设计基础，针对教学内容设计适合的脚本。

（2）语法微课开发

确定好了教学内容、教学目标和脚本大纲后，按照微课的设计原则进行语法教学微课的开发。

①收集素材。微课制作的素材主要分为三类：视频素材、图片素材、文本素材。素材丰富但需根据教学目标及生情进行取舍。

②制作课件。主要考虑课件的排版、色彩、动画、演示逻辑结构。可以使用 Power Point 进行课件制作，考虑课程的可视化效果、配音的自然性、内在逻辑性、课程内容的趣味性等。

③生成视频。使用 Power Point 生成视频，或者使用软件直接生成视频，注意制作或生成视频的画面选择 720P 以上，视频画面比例设计为 16∶9，便于播放器播放或者上传网络学习。

④后期剪辑。对已经生成的视频进行后期编辑。例如添加片头、片尾、音效、字幕等，一个微课就这样完成了。

参 考 文 献

［1］沈冬梅.教师发展进行时——基于高中英语教学的实践、体验、反思、分享 [M].上海：上海交通大学出版社，2012.

［2］田良臣，王聚元，丁克威.高中英语新型课堂构建的实践研究 [M].北京：世界图书出版公司，2013.

［3］冯蔚清.新课标理念下的高中英语教学实践研究 [M].广州：暨南大学出版社，2016.

［4］张芸.高中英语教学探索——走向个性化的人文素养培育 [M].上海：上海教育出版社，2016.

［5］曲业德.高中英语教学实践创新 [M].北京：现代出版社，2020.

［6］吕寅梅.高中英语阅读教学研究与实践 [M].北京：光明日报出版社，2019.

［7］何泽.高中英语文学阅读教学行动研究 [M].武汉：武汉大学出版社，2019.

［8］文亚光，郑春红.语篇视角下的高中英语阅读教学 [M].成都：西南交通大学出版社，2021.

［9］孙丙华.国际视野下的高中英语教学 [M].长春：吉林人民出版社，2020.

［10］汪溦，翁就红，王阁.高中英语词汇教学策略探讨 [M].长春：吉林人民出版社，2020.

［11］马丽娟.聚焦思维品质的高中英语阅读教学 [M].长春：吉林人民出版社，2020.

［12］叶翠玲.基于高阶思维培养的高中英语教学探究 [M].广州：暨南大学出版社，2020.

［13］杨云，王飞涛.英语学科核心素养视域下的高中英语课堂教学策略研究 [M].重庆：重庆大学出版社，2021.

［14］赵蕾.多元化思维在高中英语课堂教学中的实践探究 [J].海外英语，2019（20）：213-214.

［15］许名央，吴慧珍.新课标改革背景下翻转课堂教学模式在高中英语课堂的实施 [J].海外英语，2019（24）：211-212.

［16］段奇.高中英语课堂中学生跨文化交际能力的培养 [J].教育观察，2020（35）：85-87.

［17］许崇杨，金舜英.基于英语学科核心素养的高中英语课堂深度阅读教学模式研究 [J].教育现代化，2020（40）：157-161.

［18］闫小丽.互联网环境下高中英语课堂精准教学研究 [J].科技资讯，2020（13）：15-16.

［19］魏文清.新课程背景下高中英语课堂师生关系的影响因素 [J].教育观察，2020（11）：18-19.

［20］林明月.核心素养导向下的高中英语课堂读写教学研究 [J].吉林省教育学院学报，2020（03）：141-144.